Johannes Quirin

Zu Fuß durch STUTTGART

12 Spaziergänge

Droste Verlag

AUS DEM INHALT

Zu Fuß durch STUTTGART

VORWORT

Da liegst du nun im Sonnenglanz,
Schön wie ich je dich sah,
In deiner Berge grünem Kranz,
Mein Stuttgart, wieder da,
Liegst da, vom Abendgold umflammt,
Im Tale hingeschmiegt,
Gleichwie gefasst in grünem Samt
Ein güldnes Kleinod liegt!

So dichtete bereits der Stuttgarter Lyriker Karl Gerok in seinem „Gruß an Stuttgart".

Auf Geroks Spuren wandeln wir zwar nicht, werden aber auf unseren zwölf Touren durch die schwäbische Landeshauptstadt sowohl auf den Höhen mit imposanten Ausblicken als auch im Kessel unterwegs sein. Selbst wenn wir auch einmal ins Schwitzen kommen sollten, werden wir immer wieder für die körperlichen Anstrengungen belohnt. Mal mit einem lauschigen Plätzchen zum Verschnaufen, mal mit einem leckeren Motivationseis oder dem „Viertele" in einer urigen Weinstube.

Sollte Ihnen ein Spaziergang mal zu kurz erscheinen und Sie haben ausreichend Energiereserven, so lassen sich einige der thematischen Spaziergänge problemlos miteinander verbinden. Beispielweise lässt sich der Killesberg wunderbar architektonisch erkunden, um anschließend durch Stuttgarts grüne Lunge bis in die Innenstadt zum Schlossplatz hinabzuwandern.

Alle Start- und Endpunkte sind ohne Weiteres mit dem Stuttgarter ÖPNV erreichbar. Daher kann man in der Automobil-Stadt sein Auto getrost mal zu Hause lassen. Einfach ein Tagesticket für die Zone 1 lösen, und schon kann es losgehen. Wir spazieren auf ausgetretenen Pfaden, aber manchmal auch abseits davon und entdecken ganz sicher Altbekanntes aus einer neuen Perspektive. Jeder einzelne Spaziergang nimmt uns auf seine ganz eigene Art und Weise mit durch unterschiedliche Epochen, Baustile oder Stadtviertel. Das hält selbst für Einheimische die ein oder andere Überraschung parat.
Ob Sie nach alldem genauso wie Gerok von Stuttgart schwärmen – ich bin optimistisch.

Viel Spaß dabei wünscht

Johannes
Quirin

1 QUER DURCH STUTTGART

Start: Schillerplatz, Am Fruchtkasten 3, 70173 Stuttgart
(GPS: 48.778122, 9.178706)
Ziel: Palast der Republik, Friedrichstraße 27, 70174 Stuttgart
(GPS: 48.780632, 9.177388)
Länge: ca. 6,3 Kilometer
Dauer: ca. 2 Stunden
ÖPNV: Haltestelle Schlossplatz, U5, U6, U7, U12, U15;
Rückkehr zum Ausgangspunkt: circa 600 Meter zu Fuß
Parken: Parkhaus Schillerplatz, Schillerplatz, 70173 Stuttgart

Unterwegs entdeckt:

1 Schillerplatz
2 Altes Schloss
3 Baden-Württembergischer Landtag
4 Wilhelmpalais
5 Königliches Kriegsministerium
6 Eugenstaffel
7 Villa Reitzenstein
8 Alter Landtag
9 Stadtmauer
10 Palast der Republik

Essen + Trinken:

Casa del consumo, Heusteigstraße 45, 70180 Stuttgart, Tel. 07 11/22 07 71 18 (Die Speisekarte wechselt im Zwei-Wochen-Rhythmus und nimmt auf eine kulinarische Reise durch die Regionen Italiens mit.)

Verschiedene Restaurants am Mozartplatz sowie am Palast der Republik

Vom Königreich zur Republik

Auf unserem Spaziergang vom Königreich zur Republik kommen wir an Orte, die die Geschichte Stuttgarts in unterschiedlichen Jahrhunderten in sich aufgesogen haben. Wir atmen dort Historie in Steinchenform ein und erfahren mehr über die politische Geschichte der Stadt. Unsere Wege führen bergauf und -ab – quer durch Stuttgart und auch in Ecken, in die wir sonst nie kommen würden. Vielleicht können wir uns manchmal sogar vorstellen, wie es damals an diesen Stellen ausgesehen hat.

Wirtem BERG

Das Geschlecht der Württemberger – benannt nach der auf dem Wirtemberg liegenden Stammburg – übernahm als Grafen und Herzöge um circa 1300 das Alte Schloss in Stuttgart. Nach und nach wurde Stuttgart als neuer Stammsitz der Württemberger ausgebaut, bis schließlich 1806 das Königreich Württemberg durch politisches Betreiben des französischen Kaisers Napoleon Bonaparte offiziell entstand. Von 1806 bis 1813 waren die Württemberger somit eng mit Frankreich verbunden und kämpften entsprechend während der Napoleonischen Kriege auf deren Seite. Im Anschluss war das Königreich Württemberg bis 1866 Mitglied des Deutschen Bundes, um sich schließlich ab 1870 als Bundesstaat dem ersten Nationalstaat unter preußischer Führung anzuschließen. Nach der deutschen Niederlage im Ersten Weltkrieg und infolge der Novemberrevolution von 1918 dankte der letzte König von Württemberg ab. Württemberg wurde zu einer parlamentarischen Demokratie und blieb als Volksstaat Teil des Deutschen Reiches in der Weimarer Republik. Nach dem Zweiten Weltkrieg ging das ehemalige Hoheitsgebiet des Königreichs Württembergs im heutigen Bundesland Baden-Württemberg auf.

Mit dem zeitgeschichtlichen Schnelldurchlauf zur Gründung von Württemberg ist der Grundstein für unseren Spaziergang gelegt, und wir können am **Schillerplatz** 1 in die Geschichte eintauchen. Hier liegt auch der „Grundstein" Stuttgarts, wie Funde, die beim Bau der unter dem Schillerplatz liegenden Tiefgarage getätigt wurden, beweisen. Wo einst durch grüne Auen das Bächlein Nesenbach floss, die Pferde weideten, eine Burg entstand, befand sich im 14. Jahrhundert das Herz von Stuttgart und somit der historische Kern der Stuttgarter Altstadt. Noch heute spiegeln dies die markanten Bauten rund um den Platz, der bis 1934 offiziell noch Alter Schlossplatz hieß, wider. Die heutigen Abmessungen des Platzes bestehen bereits seit etwa 1600. Ab 1594 beauftragte der Herzog die Umgestaltung des Bereiches zu einem repräsentativen Renaissanceplatz. Umstehende Häuser wurden nach und nach aufgekauft und abgerissen, die entstandene Leerfläche gepflastert und zum Schloss- und Kanzleiplatz umgewandelt. Jedes dieser Gebäude wurde 1944/45 stark bis ganz zerstört. Bis auf das Café „König von England" wurden alle Bauten wiederaufgebaut und in ihrer Form erhalten.

Schillerplatz

Mit dem 1839 errichteten Schiller-Denkmal im Zentrum sollten wir natürlich im Schnelldurchlauf ein wenig über jedes einzelne Gebäude ringsherum erfahren. Beginnen wir mit der **Stiftskirche** zu unserer Linken. Ein genaues Gründungsdatum kann hier leider nicht benannt werden. Klar ist jedoch, dass das, was im 10. oder 11. Jahrhundert mit einer kleinen Dorfkirche begann, die heutige Stiftskirche und gleichzeitig das Wahrzeichen Stuttgarts wurde. Was dabei besonders ins Auge sticht, sind die beiden ungleichen Türme. Der Westturm in achteckiger Form am Ende des Kirchenschiffes wirkt kräftig und wuchtig, der zweite Turm seitlich am Kirchenschiff ist viereckig und mit einem spitzen Dach versehen. Regelmäßig finden hier Konzerte statt, deren Besuch sich lohnt. Direkt rechts daneben steht Stuttgarts ältestes Haus, der sogenannte **Fruchtkasten.** Der spätgotische Steinbau, der heute einen Teil des Landesmuseums Württemberg ist und historische Musikinstrument zeigt, wurde 1393 erstmals urkundlich als große herrschaftliche Kelter erwähnt und später als Kornspeicher, daher der Name Fruchtkasten, genutzt. Bei den Umgestaltungsarbeiten 1596 wurde er mit einer Renaissance-Fassade versehen. Am

Fruchtkasten

Giebel können wir den Weingott Bacchus auf einem kleinen Fass erkennen. Außerdem ist die zweitgrößte Zunft, die Schuhmacher, ebenfalls mit einer Figur vertreten. Auf der Rückseite wartet eine besondere Figur darauf, entdeckt zu werden.

In einer Chronik aus dem Jahr 1386 ist verzeichnet, dass in Württemberg Wein statt Wasser zum Anrühren des Mörtels für den Häuserbau verwendet wurde.

An der Stirnseite des Schillerplatzes steht der **Prinzenbau,** der bis 1918 als Stadtschloss zur Gästebewirtung und für Familienmitglieder diente. Nach der Novemberrevolution wurde der Bau als Verwaltungssitz genutzt, auch nach Zerstörung und Wiederaufbau beherbergt er heute das baden-württembergische Justizministerium. Übereck ist der Prinzenbau mit der **Alten Kanzlei** verbunden, in der die landesfürstliche Verwaltung ihren Sitz hatte. 1838, nach dem Bau der Neuen Kanzlei, wurde das Gebäude entsprechend umbenannt. Auch hier ist heute ein Teil des Justizministeriums untergebracht. An der Nordostecke der Alten Kanzlei ist ein ehemaliger Wasserturm,

Hutzel MÄNNLEIN

Eine weitere Gestalt ist am Giebel des Fruchtkastens zu finden. Hierbei handelt es sich um den Schutzpatron der Schuster, das Hutzelmännlein – auch Pechschwitzer genannt. Das gleichnamige Märchen von Eduard Mörike wurde erstmals 1853 veröffentlicht. Neben einer Haupterzählung gibt es weitere Erzählstränge, so auch den bekanntesten von der „Schönen Lau". Hauptfigur der Erzählung ist der Schustergeselle Seppe, der auf Wanderschaft geht, nachdem sein Meister ihn schlecht behandelt hat. Ihm erscheint das Hutzelmännlein und überreicht ihm ein „Hutzelbrot", ein Früchtebrot, das niemals zu Ende geht, wenn ein Stückchen übrig bleibt. Daher heißt Früchtebrot auf Schwäbisch seitdem Hutzelbrot. Außerdem schenkt es ihm zwei Paar Glücksschuhe, eines für Männer und eines für Frauen. Seppe vertauscht die Schuhe und trägt einen Herren- und einen Frauenschuh. Was dann passiert ... sollte man einfach am besten selbst lesen.

die Merkursäule, angebaut. Gekrönt mit einem vergoldeten Merkur auf der Spitze, wurde sie 1598 nach den Plänen von Heinrich Schickhardt erbaut. Das Kosakenbrünnele bildet den Abschluss der Säule als Wandbrunnen.

Direkt hinter uns befindet sich das **Alte Schloss 2,** das in seinen Anfängen bis ins 18. Jahrhundert eine Wasserburg war. Die dicken Mauern zeugen auch heute noch von diesem Ursprung. Zu Beginn diente die Burg als Verteidigungsanlage für das nahe Pferdegestüt, bis Ende des 16. Jahrhunderts die Burganlage Stück für Stück zum Residenzsitz der Herzöge von Württemberg umgebaut wurde und unter anderem auch die repräsentative Pferdetreppe im Inneren entstand. Damit konnte der Herzog zu Pferde bis in den Rittersaal und seine Gemächer im ersten Stock reiten. Heute kann man diese Treppe zu Fuß begehen.

Hutzelmännlein

Wenn man im Innenhof steht, kann man den arkadengeschmückten Schlosshof bestaunen, der als einer der schönsten Innenhöfe der Renaissance gilt. Eine sehenswerte Schlosskirche, die erste evangelische Kirche in Württemberg, ist in einem Seitenflügel untergebracht und wurde1562 eingeweiht. Nachdem das Neue Schloss erbaut wurde, verlor das Alte Schloss an Bedeutung und wurde als Nebengebäude genutzt.

Wir setzen unseren Spaziergang in Richtung des **Neuen Schlosses** fort, überqueren die Straße und gehen an der Vorderseite des historischen Gebäudes vorbei. Das Barockschloss entstand nur, um den 16-jährigen Herzog Carl Eugen zu einem Umzug aus der Residenzstadt Ludwigsburg nach

Baden-Württembergischer Landtag

Stuttgart zu bewegen. Carl Eugen biss an, wollte jedoch eine standesgemäße „Wohnung" vorfinden. Das Neue Schloss begann zu entstehen, und die Bürgerinnen und Bürger der Stadt mussten, wie auch bei anderen Stuttgarter Bauprojekten, für lange Zeit eine Großbaustelle in Kauf nehmen. Das Schloss wurde jedoch erst nach dem Tod Carl Eugens im frühen 19. Jahrhundert fertiggestellt. Heute sind auch hier Ministerien untergebracht: in einem Flügel das Finanzministerium und im anderen das Ministerium für Wirtschaft, Arbeit und Wohnungsbau. Der repräsentative Weiße Saal, in dem unter anderem Schiller seinen Abschluss an der Carlsschule feierte, kann für Events gemietet werden.

Weiter geht es für uns rechts am Schlossflügel vorbei in Richtung **Baden-Württembergischer Landtag 3.** Hierbei handelt es sich um den ersten Parlamentsbau in Nachkriegsdeutschland, der 1961 eingeweiht wurde. Entworfen wurde der Bau auf einer quadratischen Grundfläche von 55 auf 55 Metern durch den Mainzer Architekten Kurt Viertel. In den Jahren 2013 bis 2016 wurde das Parlamentsgebäude generalsaniert. In dieser Zeit fanden die Plenarsitzungen im benachbarten Kunstgebäude am Schlossplatz statt. Das Haus der Abgeordneten, das Büroflächen, Informationszentrum, Archiv und Bibliothek für die Parlamentarier und ihre Mitarbeiter bereitstellt, ist seit 1987 auf der gegenüberliegenden Straßenseite neben der Musikhochschule zu finden. Beide Gebäude, Landtag und Abgeordnetenhaus, sind über einen unterirdischen Tunnel miteinander verbunden. Am Tag der offenen Tür ist dieser Tunnel auch für Besucher zugänglich. Auf unserer Tour kommen wir später noch am Alten Landtag vorbei, in dem die erste Nachkriegsregierung tagte.

Nach diesem Zeitsprung in der Landesgeschichte schlendern wir durch den Akademiegarten, der rechts vom Landtag liegt, gehen am Akademiebrunnen vorbei und springen auf die andere Straßenseite der Konrad-Adenauer-Straße. Dort steht das **Wilhelmspalais 4**, das 2018 mit der Eröffnung des Stadtmuseums in StadtPalais umbenannt wurde. Von Hofbaumeister Salucci 1840 als Palais im Auftrag von König Wilhelm I. von Württemberg erbaut, bewohnte es ab 1887

Wilhelmspalais

sein Enkel und der letzte König, Wilhelm II. von Württemberg. Er legte sein Monarchentum eher großbürgerlich aus und galt als volksnah. Gerne ging er ohne Bewachung und bürgerlich gekleidet durch „sein" Stuttgart spazieren oder lud ehrbare Bürger zu Herrenabenden ins Wilhelmspalais ein. Er interessierte sich für seine Bevölkerung und kümmerte sich um sie. So führte er für landwirtschaftlich Arbeitende eine Krankenversicherung ein und erhob erstmals die Steuern nach dem tatsächlichen Einkommen. Dies brachte ihm auch die Bezeichnung „Bürgerkönig" ein. Deshalb konnte er es nie verwinden, dass im November 1918 Revolutionäre in seinen Wohnsitz eindrangen. Sogar nach seinem Tod 1921 mied Wilhelm II. Stuttgart und ließ seinen Leichnam um Stuttgart herum zu seiner letzten Ruhestätte nach Ludwigsburg überführen.

Königliches Kriegsministerium

Eine Statue von König Wilhelm II., die ihn bürgerlich in Anzug und mit seinen beiden Hunden zeigte, stand jahrelang vor dem Wilhelmspalais. Jetzt ist sie im Schlossgarten vor der Staatsoper zu finden.

Wir gehen entweder durch das StadtPalais hindurch oder rechts an ihm vorbei zur Urbanstraße, folgen der Uhlandstraße geradeaus weiter in Richtung Olgastraße und biegen in diese nach links ab. Wir folgen der Olgastraße einige Meter und kommen dabei an der Olgastraße 13 vorbei. Dem pompösen Gebäude sieht man bereits von außen an, dass hier etwas Besonderes seinen Sitz hatte. Von 1806 bis 1919 war hier das **Königliche Kriegsministerium 5** beheimatet.

Für uns geht es weiter die Olgastraße entlang, um nach etwa 300 Metern rechts in die Eugenstraße abzubiegen. Diese ist landläufig als **Eugenstaffel 6,** benannt nach Herzog Eugen II. von Württemberg, in Stuttgart bekannt, sie gilt als einer der schönsten Staffeln in Stuttgart und findet ihren Abschluss am Eugensplatz. 175 Stufen auf 121 Meter Länge trennen uns von einer fantastischen Aussicht auf Stuttgart.

Galatea-Brunnen

Wir steigen die romantische Treppe, begrenzt von einem schmiedeeisernen Geländer, Stufe um Stufe nach oben. In den Häusern entlang der Treppenstufen wohnten Künstler wie Max Ackermann und Eduard Mörike. Wir kommen dem **Galatea-Brunnen** immer näher und haben somit unser nächstes Zwischenziel erreicht. Wer sich in den Sommermonaten hochgearbeitet hat, hat als Erstes eine eiskalte Belohnung verdient. Einfach einmal über die Straße wechseln und immer schön der Menschenschlange nach. Schon kann man aus immer wieder wechselnden 26 Eissorten im Eis-Bistro Pinguin seinen ganz persönlichen Favoriten „erschlecken". So mit Waffel oder Becher bewaffnet, genießt Stuttgart an der Galatea den Ausblick auf den Kessel. Selbstverständlich bieten die nahe gelegenen Bars und Cafés auch andere kühle Erfrischungen, die man samt Ausblick genüsslich schlürfen kann.

Galatea samt Brunnen wurde 1890 nach Entwürfen von Otto Rieth erbaut und eingeweiht, gestiftet von Königin Olga. Die wohlgeformte, halb nackte Nymphe aus der griechischen Sagenwelt, die Tochter des Meeresgottes Nereus, sorgte für einigen Zünd- und Gesprächsstoff in der damaligen Stuttgarter Bevölkerung. Vor allem aus den pietistischen Reihen war ein „Faschd naggd, des gohd so ned!" zu hören. Das alles interessierte Olga nicht. Sie drohte einfach damit, die Figur zu drehen, sodass das gut proportionierte, jedoch nackte Hinterteil zukünftig auf die Stadt zeigen würde. Wie man noch heute an der Figur erkennt, war damit der Protest im Keim erstickt.

Ein weiteres Denkmal findet sich am Rande des Eugensplatzes. Auf einer unscheinbaren Säule thront ein stolzer Mops. Die Säule, ursprünglich ohne Mops gestaltet, wurde in

Gedenken an den Humoristen Vicco von Bülow, besser bekannt als Loriot, geschaffen. Loriot lebte von 1938 bis 1941 in Stuttgart. In einer Nacht-und-Nebel-Aktion erschien, verschwand und letztlich blieb der Mops dauerhaft auf der Gedächtnissäule stehen. Passend zu einem Ausspruch Loriots, der selbst Mopsbesitzer war: „Ein Leben ohne Mops ist möglich, aber sinnlos."

Wir überqueren die Alexanderstraße, gehen am Eiscafé die Wagenburgstraße kurz entlang und biegen rechts in die Diemershaldenstraße, der wir erst einmal folgen. Imposante Häuser mit zumeist freiem Blick auf Stuttgart säumen unseren Weg. Die Diemershalde endet an der **Georg-Elser-Staffel,** benannt nach dem schwäbischen Widerstandskämpfer, die wir bis zur Gerokstraße hinaufgehen. Oben angekommen haben wir wieder einen sehr schönen Ausblick auf die Landeshauptstadt, den wir zum Verschnaufen nutzen.

Weiter geht es in Richtung des Amtssitzes des baden-württembergischen Ministerpräsidenten. Um zur Villa Reitzenstein zu gelangen, überqueren wir den Albrecht-Goes-

Ausblick von der Halbhöhenlage

Platz, folgen der Richard-Wagner-Straße und können nach wenigen Schritten bereits die durch hohe Mauern abgesicherte Villa zu unserer Linken sehen. Die **Villa Reitzenstein** 7 wurde zwischen 1910 und 1913 für die zweite Tochter des Verlegers Eduard Hallberger, Baronin Helene von Reitzenstein, erbaut. Beide Architekten der Villa, Hugo Schlösser und Johann Weirether, wurden von der Bauherrin im Vorfeld der Arbeiten auf eine Reise nach Frankreich und Italien gesandt, um dort Anregungen für die Außen- und Innenarchitektur der Villa zu sammeln. Außen an den französischen Barockstil angelehnt, wurde innen der Luxus der Zeit, wie zum Beispiel eine Warmwasser-Zentralheizung oder eine riesige Bibliothek, integriert, was sich auch in den Baukosten in Höhe von 2,8 Millionen Goldmark, ungefähr 14 Millionen Euro, niederschlug.

Villa Reitzenstein

Frau von Reitzenstein blieb in ihrer Villa nur knappe neun Jahre wohnen und verkaufte sie 1922 an den Volksstaat Württemberg. Der Staatspräsident des freien Volksstaates Württemberg, Johannes von Hieber, erwarb das repräsentable Anwesen für schlappe 5,5 Millionen Papiermark, das waren circa 400.000 Goldmark. Nach Renovierung diente es ab 1925 als Sitz des württembergischen Staatspräsidenten. Wilhelm Bazille war der erste Staatspräsident, der in diesen Genuss kam und dort nicht nur den Dienst-, sondern auch seinen privaten Wohnsitz hatte. Von 1928 bis zu seiner Absetzung durch die Nationalsozialisten folgte ihm Eugen Bolz. Danach wurde dort für zwölf Jahre der Sitz der Stuttgarter NSDAP-Parteileitung unter dem Reichsstatthalter und Gauleiter Wilhelm Murr installiert. Eine Zerstörung der Villa konnte 1945 verhindert werden, und so war sie ab 1948 Amtssitz des Ministerpräsidenten von Württemberg-

Baden, Reinhold Maier. Seit 1952 ist sie dann bis heute Dienstsitz der Ministerpräsidenten von Baden-Württemberg.

Wir gehen am riesigen Gelände, auf das man nur am Tag der offenen Tür relativ einfach gelangt, entlang. Mit der **Heinrich-Heine-Höhe** kommen wir erneut an einer Aussichtsplattform vorbei, von der wir Stuttgart betrachten können. Immer der Richard-Wagner-Straße folgend setzen wir unseren Weg fort. Über ein paar Treppenstufen biegen wir rechts in den Steingrübenweg ab, der uns langsam wieder in den Talkessel bringt. In der Staffelbergstraße, der wir nach rechts folgen, nehmen wir nach circa 200 Metern links die Dobelstaffel in Richtung Dobelstraße. Diese mündet in der Hohenheimer Straße, die wir überqueren, um auf der anderen Straßenseite rechts in die Wächterstraße abzuzweigen. Gleich darauf geht es links in die Stitzenburgstraße, um danach über die Schickstraße, die rechter Hand über den Dannecker-Platz führt, der **Schickstaffel** nach unten zu folgen. Wir kommen in der Alexanderstraße an, die wir überqueren, um der Staffel weiter Richtung Olgastraße zu folgen. Für uns geht es von dort nach links zum **Mozartplatz,** der auf

Regelmäßig werden der Park und die Villa Reitzenstein für die Bevölkerung geöffnet. Es finden dann Veranstaltungen wie Lesungen oder botanische Führungen statt. Infos unter www.stm.baden-wuerttemberg.de.

Ausblick von der Heinrich-Heine-Höhe

Figuren auf dem Weg

der anderen Straßenseite liegt. Hier finden sich einige leckere Restaurants mit unterschiedlichen Länderküchen. Wir zweigen an der Christophstraße ab und biegen die nächste Straße links ein.

Nun sind wir in der Heusteigstraße und nur noch wenige Schritte von unserem nächsten „Point of Interest" entfernt: dem **Alten Landtag 8.** Bis zum Jahr 1961 tagte in der Heusteigstraße 45 die vorläufige Volksvertretung für Württemberg-Baden. Ab 1952 fanden die Abgeordneten hier zu ihren Sitzungen zusammen. Im 1889 erbauten Eduard-Pfeiffer-Haus der Stiftung Arbeiterheim diente ein ehemaliger Theatersaal mit Bühne und hölzerner Empore als Plenarsaal. Heute befindet sich dort neben einem kleinen Theater ein italienisches Restaurant.

Zuerst über Treppen, dann auf Asphalt folgen wir der Sophienstraße bis zur Hauptstätter Straße, die wir anschließend an der Fußgängerampel überqueren. Nach der Gerberstraße verlassen wir die Sophienstraße schließlich nach rechts, gehen wieder ein paar Jahrhunderte zurück in der Zeit und spazieren durch ein kleines Gässchen, das noch das Rinnsal des früheren Nesenbachs offen führt. Schließlich stoßen wir auf die Christophstraße, biegen links ab und gehen bis zur Tübinger Straße weiter, biegen nach rechts ab, um gleich links in die Krumme Straße abzuzweigen. Linker Hand geht es an der „Boa", einer Institution, was Afterwork-Partys angeht, vorbei, um nach wenigen Metern direkt vor der Laderampe des Alten Schauspielhauses zu stehen. Hier erwartet uns der klägliche Rest der **Stuttgarter Stadtmauer 9.** Der alte Schutzwall wurde 1456 erbaut und gehörte zur Befestigung der reichen Vorstadt. Nur wenige Überreste aus dieser geschichtlichen Epoche Stuttgarts sind versteckt erhalten geblieben. Schade, dass mit dem alten Mauerwerk nicht sensibler umgegangen wurde.

Uns zieht es weiter. An der Sophienstraße halten wir uns rechts und gehen sie geradeaus bis zum Rotebühlplatz hoch, der sein heutiges Gesicht nach dem Zweiten Weltkrieg erhielt.

Genau hier liegt nun also mit 9° 10' 19,32'' östlicher Länge und 48° 46' 30,33'' nördlicher Breite der geografische Mittelpunkt Stuttgarts. Eine Bronzetafel weist auf ihn hin, doch er selbst befindet sich etwa 15 Meter von dieser entfernt. Ein im Pflaster eingelassener Pfeil kennzeichnet schließlich die korrekte Stelle. Jetzt wissen wir also, dass zur Gründung der Mittelpunkt am Schillerplatz lag und heute ein paar Meter von ihm weg „verrutscht" ist. Unnützes Wissen – das man immer mal gut gebrauchen kann, und sei es nur, um jemanden zu beeindrucken.

Palast der Republik

Auf geht es zur letzten Station unserer Zeitreise per pedes. Wir halten uns rechts, gehen auf das Gasthaus „Paulaner" zu, folgen der Calwer Straße, bis rechter Hand mit Böhm der Feinkost-Himmel auf Erden erscheint. Vor uns liegt der **Kleine Schlossplatz,** den wir über Treppen erreichen und überqueren. Zwischen Café und Modeboutique geht's die Treppen wieder abwärts auf die Friedrichstraße. Dieser folgen wir geradeaus bis zur Bolzstraße. An der Ecke Lautenschlagerstraße erreichen wir den **Palast der Republik 10,** der das glatte Gegenteil des protzigen Pendants der ehemaligen DDR ist und aus diesem Grund so benannt wurde. Was früher nur der Zugang zu einer 1926 erbauten unterirdisch liegenden Bedürfnisanstalt war und von der örtlichen Buchhandlungsdynastie Wittwer zwischen 1930 und 1980 als Kiosk genutzt wurde, hat sich ab 1989 zum unter Denkmalschutz stehenden Epizentrum für die Stuttgarter Open-Air-Liebhaber entwickelt und ist auch heute noch in lauen Sommernächten der „Place to be". Hier genießt der Börsenbroker neben dem Hipster ein Feierabendbier. Sollte man nach so viel Flüssigkeit dann einmal ein Bedürfnis verspüren, kein Problem, denn die Bedürfnisanstalt im Untergeschoss existiert auch noch heute. Aber keine Angst: Sie steht nicht unter Denkmalschutz! Hier endet unsere Zeitreise nun also an einem Ort, auf den selbst Herzöge, Könige, Kaiser und Ministerpräsidenten zu Fuß gehen.

2 ÜBER DIE KARLSHÖHE ZUM HAIGST

Start: Gänsepeter-Brunnen, Hasenbergsteige 1, 70178 Stuttgart (GPS: 48.769121, 9.162504)
Ziel: Santiago-De-Chile-Platz, Alte Weinsteige, 70957 Stuttgart (GPS: 48.755487, 9.172575)
Länge: ca. 3 Kilometer
Dauer: ca. 1,5 Stunden
ÖPNV: Haltestelle Schwabstraße, S1, S2, S3, S4, S5, S6; Rückkehr zum Ausgangspunkt: Haltestelle Haigst, Zacke bis Marienplatz, dann U34 bis Haltestelle Schwab-/Bebelstraße
Parken: Tiefgarage Südwestbank, Rotebühlstraße 125, 70178 Stuttgart

Unterwegs entdeckt:

1 Gänsepeter-Brunnen
2 Hasenbergsteige 3
3 Karlshöhe
4 Lapidarium
5 Willy-Reichert-Staffel
6 Württembergischer Automobilclub
7 Marienplatz
8 Fritz-Münch-Staffel
9 Wielandshöhe
10 Santiago-de-Chile-Platz

Essen + Trinken:

Biergarten Karlshöhe, Tschechen & Söhne, Humboldtstraße 44, 70178 Stuttgart, Tel. 07 11/6 74 40 64, biergarten-karlshoehe.com

Restaurant Wielandshöhe, Alte Weinsteige 71, 70597 Stuttgart, Tel. 07 11/6 40 88 48, www.wielandshoehe.de (Sternerestaurant, Reservierung erforderlich)

Verschiedene Restaurants am Marienplatz

Von Stäffele zu Stäffele

Wie viele es davon in Stuttgart gibt, das weiß man nicht so genau. Etwa 500 bis 600 Treppenanlagen, liebevoll Stäffele genannt, sind in der schwäbischen Metropole bekannt und erfasst. Aufgrund von Stuttgarts topografischer Kessellage wurden die Hänge bis zu ihrer Urbanisierung vorwiegend für den Weinanbau genutzt und durch Treppen und Wege begehbar gemacht. Nach und nach wurde die begehrte Hanglage erschlossen und bebaut. Dabei verschwanden fast alle Weinberge, aber das stufige Wegenetz „de Berg enuff" blieb zum größten Teil erhalten. Aus diesem Grund gibt es stilistisch auch einen Querschnitt von Nachkriegsbeton über Jugendstil bis zum Klassizismus. Jede der Treppenanlagen hat somit ihre ganz eigene Geschichte zu erzählen.

Wir halten es auf diesem kurzen, aber knackigen Spaziergang mit dem schwäbischen Mundartdichter Friedrich E. Vogt, der reimte: „Wenn Stuagert koine Stäffele hätt, no wärs koi Stuagert meh, no wäret seine Mädla net so schlank ond net so schee!", und starten am Kesselrand am **Gänsepeter-Brunnen** 1 am unteren Ende der Hasenbergsteige. Er wurde zur Erinnerung an die große Anzahl Gänse, die hier früher kurz vor dem Martinstag aus den umliegenden Dörfern auf den Markt nach Stuttgart zusammengetrieben wurden, erbaut. Passend hierzu wurde der Brunnen am 11.11.1901 – zu Sankt Martin – eingeweiht. Für uns geht es langsam, aber stetig den Hasenberg hinauf. Dieser galt schon immer als erstklassige Wohnlage Stuttgarts. Wo heute viele Kameras und nur Initialen die Mauern schmücken, wohnte bereits Anfang des 20. Jahrhunderts alles, was Rang und Namen hatte. Neben Fabrikanten und Verlegern ließen sich auch Architekten

Gänsepeter-Brunnen

Auf Stuttgarts Stäffele trainiert hin und wieder der weltbeste Treppenläufer Thomas Dold.

Ausblick von der Karlshöhe

Auf alten Spuren

und Hofräte dort nieder und stattliche Villen errichten, die man teilweise heute noch bestaunen kann.

Direkt gegenüber vom Brunnen, in der **Hasenbergsteige 3 2**, ist der Sitz der berühmten Internationalen Bachakademie, die vom Stuttgarter Kirchenmusiker und Musikpädagogen Helmuth Rilling gegründet wurde. Einen Steinwurf entfernt lebte der Schweizer Humanist und Geschäftsmann Henry Dunant, der 1863 das Internationale Rote Kreuz gründete. Eine Gedenkbüste erinnert hier an ihn. Während wir weiter das „Villenmuseum" nach oben kraxeln, stehen links und rechts weitere stattliche Häuser, die für stadtbekannte Stuttgarter Kaufleute erbaut und von ihnen bewohnt wurden.

Von Weitem sehen wir das Denkmal des gefeierten Lyrikers und Dramatikers Johann Georg Fischer. Würden wir hier nicht links auf die ersten, noch namenlosen Treppen in Richtung Karlshöhe abbiegen, könnten wir fast am Ende der Hasenbergsteige das Haus des Künstlers Otto Hajek sehen. Er lebte bis zu seinem Tod dort. Sein Haus, ebenfalls eines seiner Kunstwerke, ist leider ziemlich heruntergekommen. Dafür befindet sich in der nahen Grünanlage ein von ihm erschaffener Skulpturenpark. Wer mehr über das Schaffen von Otto Hajek erfahren möchte, der sollte mit Spaziergang 7 auf seinen Spuren und zu seinen Kunstwerken durch Stuttgart wandeln.

Sobald wir die **Karlshöhe** 3 erreichen, die bis 1889 eigentlich Reinsburghügel hieß und zu Ehren des 25-jährigen Regierungsjubiläums von König Karl von Württemberg umbenannt wurde, schlagen wir unseren weiteren Weg nach links ein und umrunden die Höhe im Uhrzeigersinn. Auf unserem Rundweg entdecken wir sowohl Spuren aus dem 19. als auch aus dem 20. Jahrhundert, stoßen neben dem **Athenebrunnen** auch auf andere historische Figuren und schließlich auf eine Milchbar aus den 1960er-Jahren. Wie so etwas sein kann? Eigentlich ganz einfach, denn der Verschönerungsverein Stuttgart gestaltete bereits 1864 die spätere Karlshöhe Stück für Stück in eine öffentliche Parkanlage um, bis schließlich die Bundesgartenschau 1961 noch einmal

Athenebrunnen

das Erscheinungsbild des Parks komplett veränderte. Die ehemalige Milchbar beherbergt heute einen Biergarten, der mit Aussichtsterrasse samt Stuttgart-Panorama und schwäbischer Hausmannskost zum Verweilen einlädt.

In den Sommermonaten finden in der zauberhaften Atmosphäre des Lapidariums Musikveranstaltungen, Lesungen und Theateraufführungen für Erwachsene und Kinder statt.

Doch uns treibt es weiter, und wir kehren zum Ausgangspunkt unseres kleinen Rundgangs um die Karlshöhe zurück, um anschließend links abzubiegen und über den Waldweg vorbei an der Aussichtsplattform Humboldtstraße in Richtung unseres ersten richtigen Stäffeles zu spazieren.

Wer noch etwas Historie schnuppern möchte, der sollte einen kleinen Abstecher nach links ins Städtische **Lapidarium** **4** machen, bevor er den Weg rechts hinunter zum Marienplatz in den Stuttgarter Süden einschlägt. In der Villa Gemmingen und ihrem Park dreht sich, wie im ehemaligen Steinbruch der Karlshöhe, aus dem Baumaterial für die Stiftskirche und andere Stuttgarter Gebäude geschlagen wurde, ebenfalls alles um Steine. 1950 erwarb die Stadt Stuttgart den Park und gestaltete daraus das öffentlich zugängliche Lapidarium. In der reizvollen Parkanlage wird die Bau- und Kulturgeschichte der Landeshauptstadt ganz haptisch erlebbar. So kann man unter anderem ein Fragment des Alten Steinhauses, eines der ältesten Häuser Stuttgarts, oder einen Teil der Fassade des Wohnhauses des bekannten Baumeisters Heinrich Schickhardt anschauen. Diese steinernen Zeitzeugen, die nicht wertvoll, aber zu schade zum Wegwerfen waren, wurden teilweise per Hand aus dem Trümmerschutt des kriegszerstörten Stuttgarts ausgegraben. Geöffnet und kostenlos zugänglich ist das Städtische Lapidarium nur zwischen Juni und September.

Stäffele

Willy-Reichert-Staffel

Für uns geht es jetzt aber mit der **Willy-Reichert-Staffel 5** gleich das längste Stäffele Stuttgarts hinab. Mit seinen 409 Stufen schlängelt es sich über mehr als 60 Höhenmeter den Berg hinab. Es wurde nach dem schwäbischen Schauspieler Willy Reichert benannt, einem erfolgreichen Vortragskünstler, der 1931 gemeinsam mit Oscar Heiler die Kunstfiguren „Häberle und Pfleiderer" erfand. Mit diesen schwäbischen Figuren feierten beide auf den Varietébühnen Süddeutschlands und in der Nachkriegszeit in den 1950er- und 1960er-Jahren auch in Rundfunk- und Fernsehsendungen große Erfolge. Reichert galt als der populäre schwäbische Humorist schlechthin. Da der Häberle nichts ohne seinen Pfleiderer ist – auch nicht als Stäffele –, liegt die Oscar-Heiler-Staffel, die ebenfalls zur Karlshöhe führt, nur ein paar Hundert Meter von unserer Staffel entfernt, auf der wir unseren Weg nach unten weiter fortsetzen.

Die Reichert-Staffel wird immer wieder von querenden Straßen unterbrochen, die wir links und rechts liegen lassen. So kommen wir auch an der **Mörikestraße 30** vorbei. Eine große, trotzdem unscheinbare Plakette verrät uns, welche Institution hier ihren Sitz hat. Es ist der **Württembergische Automobilclub 6**, der am 9. April 1899, wenige Jahre nachdem Daimlers Motor patentiert wurde und die ersten Benz-Automobile über die Straßen tuckerten, als Königlich Württembergischer Automobilclub gegründet wurde. Durch das Protektorat von König Wilhelm von Württemberg durfte er sich nicht nur königlich nennen, sondern auch das württembergische Wappen und die Königskrone bis heute im Signet führen. Er war nicht nur der erste Automobilclub in Württemberg, sondern auch einer der ältesten Automobilclubs Deutschlands. Die Gründungsmitglieder, unter anderem Gottlieb Daimler, Robert Bosch und Wilhelm Maybach, sorgten sicherlich für die notwendige Fachkompetenz und Publicity.

Weiter geht es die Treppenstufen hinunter, bis wir die Hohenstaufenstraße erreichen. Hier halten wir uns rechts und folgen ihr immer geradeaus in Richtung **Marienplatz 7**, der nach Prinzessin Marie von Waldeck-Pyrmont, der Verlobten des späteren Königs Wilhelm II., benannt wurde. Bereits

Stuttgarter Zahnradbahn

1876 wurde der Platz als Bindeglied zwischen der modernen Residenzstadt und dem damals noch dörflichen Heslach angelegt. Der Platz entwickelte sich mit den Jahren zu einem verwahrlosten Treffpunkt von eher zwielichtigen Personen, der durch wild wachsende Büsche unübersichtlich und unsicher wurde. Dies änderte sich im Jahr 2002, die Büsche wurden ausgelichtet, der Platz mit Spielplatz, Sitzbänken und Bäumen neu, offen und freundlich gestaltet. Die Freifläche in der Mitte gibt Raum für regelmäßige Biomärkte und Feste im Freien. Rundherum gibt es coole Bars, Cafés und Restaurants. So hat sich der Marienplatz in einen urbanen Szenetreff im Stuttgarter Süden verwandelt, der immer noch von gründerzeitlichen Gebäuden eingefasst ist, unter anderem dem Kaiserbau von 1911, der nach dem Automaten-Fabrikanten Kaiser benannt wurde, und dem Filderbau, der im Stil der großen Pariser Palais gehalten ist.

Der Marienplatz ist auch Endstation der **Stuttgarter Zahnradbahn,** Zacke genannt, die bereits 1884 eröffnet wurde und seitdem das Stadtzentrum im Talkessel mit dem Stuttgarter Stadtteil Degerloch auf dem Berg verbindet. Auf der bis zu 17,8 Prozent steilen Strecke nach oben, auf der man immer wieder mit den prächtigsten Panoramablicken verwöhnt wird, verkehren parallel zwei Zahnradtriebwagen, aktuell noch aus dem Baujahr 1982, mit jeweils zwei Wagen. Die Zacke ist eine von nur noch vier Zahnradbahnen in ganz Deutschland und dabei die einzige, die fester Bestandteil des öffentlichen Personennahverkehrs ist und dem ganz normalen täglichen Berufsverkehr einer Stadt dient. Selbst Fahrräder können auf einem separaten Fahrradvorstellwagen der Einschienenbahn mitgenommen werden. Die historischen Modelle von 1935 bzw. 1898 können im Straßenbahnmuseum Stuttgart in Bad Cannstatt besichtigt werden.

Wer es also bequem haben möchte, kann jetzt in die nächste Zacke springen und ratternd die Alte Weinsteige erklimmen. Ausstieg ist die Haltestelle Am Haigst, um an den Endpunkt unserer Tour zu gelangen. Für uns aber, die wir uns den Zwiebelrostbraten am Abend verdienen wollen, geht es über die nächsten Stäffele wieder den Berg hinauf. Wir gehen am Kaiserbau mit Eisdiele, Pizzeria und Cafés vorbei, halten uns rechts und umrunden den Marienplatz. Im Anschluss überqueren wir die Filderstraße an der Fußgängerampel, um der kurzen, aber schönen **Liststaffel** nach oben zu folgen. Am Ende der Liststaffel biegen wir nach links in die Liststraße ein, folgen ihr ein paar Meter, überqueren die Gleise der Zahnradbahn, um dahinter gleich nach rechts in die Zellerstraße einzubiegen. Bei einem Blick nach links sehen wir von Weitem das Zahnradbahndepot, das gleichzeitig das Theater Rampe, Produktionshaus für zeitgenössisches Autorentheater, Performance, Tanz und Populärmusik, beherbergt. Allabendlich fährt hier die Zacke nach ihrem Arbeitstag ins Foyer des Theaters ein, parkt und wartet auf ihren nächsten Einsatz.

Garten in der Alten Weinstraße

Wir schlendern nun durch ein schönes Wohngebiet und befinden uns bereits wieder in leichter Stuttgarter Halbhöhenlage, biegen nach etwa 220 Metern nach rechts in die Sackgasse Am Lehenweg ab und gehen über die **Fritz-Münch-Staffel 8,** die hier noch nicht ausgezeichnet ist, weiter nach oben. Die knapp 18-prozentige Steigung, die die Zacke mit Leichtigkeit überwindet, greifen wir nun per Muskelkraft an. Namensgeber für diese Staffel war weder ein Politiker noch Schauspieler oder Schriftsteller, sondern ein Herrenschneider. Fritz Münch war ein bekannter Modeschöpfer. Mit seinem „Telefonanzug" zum Weltkongress der Mode im Jahr 1954 gelang ihm ein sehr avantgardistischer Entwurf als Vision eines Herrenanzugs im Jahr 2000. Der aus safranfarbener Seide schmal geschnittene dreiteilige Anzug, bestehend aus Hose, Jackett und anstatt einer klassischen Weste einem sportlichen Hemd samt Reißverschluss, hatte bereits eingelassene Taschen für ein tragbares Telefon. Fritz Münch nutzte hier jedoch noch ein klassisches Telefon mit Hörer und Wählscheibe, das durch Kabel verbunden war.

Ausblick von der Weinsteige

Mit jedem Schritt nach oben merkt man, wie die Luft besser wird, obwohl man ganz schön ins Schwitzen kommt. Stufe um Stufe entern wir nun die Halbhöhenlage, bestaunen die schönen alten Häuser und immer wieder Ausblicke auf Stuttgart, kreuzen die Straßen Mühlrain und Pfaffenweg und erreichen schließlich die **Alte Weinsteige,** der wir nach links folgen.

Jetzt heißt es noch einmal alle Kräfte mobilisieren, denn ein letztes Mal geht es steil den Berg hinauf. Auch hier stehen links und rechts sehr schöne alte Häuser mit unverbaubarer Sicht auf den Talkessel. Erstmals 1350 wurde ein extrem steiler Karrenweg als „Alte Weinsteige" erwähnt. Der gesamte Frachtfuhrwerksverkehr musste ihn nach Süden nehmen. Um die Steigung zu bewältigen, bedurfte es teilweise 16 Pferden als Vorspann.

Auf der Hälfte passieren wir die Zahnradbahnhaltestelle **Wielandshöhe 9.** Hier begegnen sich die bergauf und bergab fahrenden Zahnradbahnen, die sich nur hier auf der sonst durchgehend eingleisigen Strecke über eine Ausweiche, die im Linksverkehr benutzt wird, passieren lassen können. Beste und einzige Gelegenheit also, beide Bahnen gleichzeitig zu sehen und zu fotografieren. Seit 1991 ist hier auch das Restaurant Wielandshöhe des bekannten Kochs Vincent Klink zu finden, das seit 1998 durchgehend – mit Ausnahme nur eines Jahres – mit einem Michelin-Stern ausgezeichnet ist. Wer hier ein Sternemenü samt fantastischer Aussicht auf Stuttgart genießen möchte, sollte frühzeitig reservieren.

Wir beginnen mit dem Endspurt unseres Spaziergangs. Egal, ob verschwitzt zu Fuß oder durchgeschüttelt per Zacke oben angekommen, ist es Zeit für einen der herrlichsten Ausblicke auf Stuttgart. Wir erreichen linker Hand den **Santiago-de-Chile-Platz 10,** den Generationen von Stuttgartern nur unter seinem ursprünglichen Namen Haigstplätzle kannten. 2006 finanzierte der Degerlocher Architekt Georg Kieferle, der gleichzeitig Honorarkonsul im Chilenischen Konsulat in Stuttgart war, die Sanierung der in die Jahre gekommenen Aussichtsplattform. Daran geknüpft war jedoch die Umbenennung in Santiago-de-Chile-Platz. Die offizielle Einweihung fand am 21. Oktober 2006 anlässlich des Besuchs der damaligen Präsidentin der Republik Chile Michelle Bachelet statt. Neben einem Gedenkstein aus Granit aus dem Maipotal wacht seitdem auch der Moai, die steinerne Figur von den Osterinseln, über Stuttgart und genießt Tag und Nacht den traumhaften Blick. Als Pendant mit drei Stuttgarter Rössle gibt es übrigens in Santiago de Chile die „Plaza Stuttgart“.

Santiago-de-Chile-Platz

Wer bis jetzt durchgehalten hat, merkt, dass trotz ihrer Unterschiedlichkeit alle Stuttgarter Stäffele eins gemeinsam haben: Auf Schweiß folgt Glücksgefühl, denn am oberen Ende wartet immer ein traumhaft schöner Panoramablick über die Stadt.

3 VOM KILLESBERG ZUM SCHLOSS

Start: Killesbergpark, Am Kochenhof, 70192 Stuttgart
(GPS: 48.799774, 9.170994)
Ziel: Akademiegarten, Neues Schloss, 70173 Stuttgart
(GPS: 48.777793, 9.183084)
Länge: ca. 9 Kilometer
Dauer: ca. 2,5 Stunden
ÖPNV: Haltestelle Killesberg, U5; Rückkehr zum Ausgangspunkt: Haltestelle Schlossplatz, U5 bis Haltestelle Killesberg
Parken: Killesberghöhe Stadtquartier, 70192 Stuttgart

Unterwegs entdeckt:
1 Deportations-Denkmal
2 Tal der Rosen
3 Killesbergturm
4 Wartberg
5 Egelsee
6 Leibfriedscher Garten
7 Rosensteinpark
8 Mineralbäder
9 Schlossgarten
10 Akademiegarten

Essen + Trinken:
Ins Blaue – Kleingartenanlage Wartberg, Wartbergstraße 40, 70191 Stuttgart, Tel. 07 11/95 86 48 45

Flora & Fauna, Mineralbäder, Am Schwanenplatz 10, 70190 Stuttgart, Tel. 07 11/88 78 22 28, www.floraundfauna-stuttgart.de

Biergarten Schlossgarten, Am Schlossgarten 18, 70173 Stuttgart, Tel. 07 11/2 26 12 74, www.biergarten-schlossgarten.de

Durch Stuttgarts grüne Lunge

Dank der Bundesgartenschauen wurden Stuttgarts unterschiedliche Parks miteinander verbunden. So entstand das „Grüne U", das sich vom Killesberg über den Wartberg, den Leibfriedschen Garten, den Rosensteinpark bis in die Schlossgartenanlagen erstreckt und sich einmal quer durch Stuttgart schlängelt. Wir erschließen uns das Grüne U in der weniger schweißtreibenden Variante von oben nach unten: Unser Spaziergang startet gemütlich mit einer Fahrt in der U5 bis zur Endstation Killesberg. Hier oben wartet ein rund 50 Hektar großer Park auf uns. Diese grüne Wohlfühloase entstand bereits 1939 im Rahmen der Reichsgartenschau, wurde für die Deutsche Gartenschau 1950 neu gestaltet und ist bis heute ein beliebtes Ausflugsziel. Ob mit Seenterrassen, blühenden, opulenten Blumenbeeten, Streichelzoo, Abenteuerspielplatz oder Höhenparkfreibad, es ist für die ganze Familie etwas dabei. Wer vorher noch etwas Architektur-Geschichte schnuppern möchte, der kann mit Spaziergang 10 zu einer „Architektour" aufbrechen und den Killesberg von dieser Seite entdecken.

Wir gelangen von der U-Bahn-Station über Treppen hinaus und bahnen uns unseren Weg durch die labyrinthartige „Grüne Fuge", die auf dem früheren Messegelände gestaltet wurde, wo auf mehr als 50.000 Quadratmetern in insgesamt 13 Hallen bis 2007 regelmäßig Fachmessen und Ausstellungen stattfanden. Erst links, dann rechts, dann wieder links und wieder rechts geht's in Richtung Killesbergturm.

Auf unserem Weg dorthin kommen wir am **Deportations-Denkmal** 1 vorbei. Eigentlich ist es mehr ein Gedenkobjekt, da eine im Gehweg eingelassene kreisförmige Stahlplatte ebenfalls dazugehört. Sie erinnert mit ihrer nicht direkt sichtbaren Fläche von 2000 Quadratmetern an die im Gedenkstein angegebene Zahl von deportierten jüdischen Deutschen und weist auf das dunkle Kapitel des Freizeit- und Erholungsparks hin. Denn kurz nach der

Ausblick Killesbergpark

3 VOM KILLESBERG ZUM SCHLOSS

Killesbergturm

Reichsgartenschau im Herbst 1941 wurde der Killesbergpark zum Sammellager, da Stuttgart einer von 16 Ausgangsorten der ersten Deportationswelle von Juden war. Als Lager fungierten hierbei die ehemaligen Ausstellungshallen. Kontrollen und Visitationen wurden in weiteren Hallen der ehemaligen Reichsgartenschau durchgeführt. Von hier aus ging es zu Fuß zum inneren Nordbahnhof, um dann per Zug nach Riga, Auschwitz oder Theresienstadt deportiert und meist in den Tod verfrachtet zu werden. Der ehemalige Nordbahnhof wurde ebenfalls zu einem Zeichen der Erinnerung.

Schwere Kost in einem so friedlichen Park, und es mutet seltsam an, nur wenige Meter entfernt den Bahnsteig der Killesbergbahn zu entdecken. Von Ende März bis Anfang November bringt die Miniaturbahn ihre Fahrgäste unbeschwert über die 2,1 Kilometer lange Strecke einmal quer durch den facettenreichen Park. Die Dampflokomotiven „Tazzelwurm" und „Springerle" oder die zwei Dieselloks „Blitzschwoab" und „Schwoabapfeil" stehen bereit, und man muss nur noch einsteigen.

Jährlich können Besucher im Killesbergpark die schönste Dahlie Stuttgarts wählen.

Wir halten uns links und gehen in Richtung **Tal der Rosen** **2**, eine der Hauptattraktionen auf dem Killesberg. Von Ende Mai bis September stehen hier Tausende unterschiedliche Rosenarten in voller Blüte und verströmen ihren betörenden Duft. Nicht nur hier könnte, wer eine Picknickdecke dabeihat, ein lauschiges Plätzchen auf den weitläufigen Grünflächen finden, es sich bequem machen und die Gedanken schweifen lassen!

Weiter geht's einen weiteren Hang hinauf, damit wir anschließend über 348 Stufen auf den mit 400 Meter über dem Meeresspiegel höchsten Punkt des Killesbergs steigen können: den **Killesbergturm** **3**. Die Mutigen werden bei schönem Wetter mit einem traumhaften Panoramablick vom absichtlich leicht schwingenden Turm belohnt.

Egal, ob man sich auf den Turm getraut hat oder nicht, der weitere Weg führt uns bergab in Richtung **„Stangenwald"**, der eine der Kunststationen der Gartenbauausstellung 1993 war und als architektonische Skulptur von Architekt Hans Dieter Schaal erschaffen wurde. Auf unserem weiteren Weg werden uns noch weitere solcher Kunstinstallationen begegnen.

Schwebende Stäbe

Über den St.-Helens-Weg gehen wir in Richtung Wartberg. Wo sich früher Streuobstwiesen und Weinreben befanden, ist auch heute noch ein natürliches Biotop mitten in der Stadt zu finden. Wer sich oben nach

Ausblick vom Wartberg

rechts wendet, um den **Wartberg 4** hinabzusteigen, der kommt in den Genuss, mit fast allen Sinnen die Umwelt und Natur in ihrer Vielfalt körperlich wahrzunehmen. Der vhs Sinnesgarten, von Dienstag bis Freitag zwischen 15 und 18 Uhr frei zugänglich, lädt zum Tasten, Riechen, Hören und Fühlen ein. Wir halten uns jedoch links, schlängeln uns in Serpentinen vorbei an zahlreichen Trockenmauern aus der Zeit des Weinbaus langsam den Wartberg hinunter und halten uns weiterhin links, um schließlich auf der Lichtung eines Waldstücks vor sechs figurenförmigen Skulpturen aus Naturmaterialien, die teilweise von Blumen und Pflanzen umwuchert werden, zu stehen. Der **„Bienengarten"** ist eine landschaftsarchitektonische Installation der Künstlerin Jeanette Zippel, die ebenfalls zur Gartenbauausstellung 1993 entstand und Wild- und Honigbienen als Behausung dient. Selbst die Kieswege, die zwischen den und um die Skulpturen angelegt wurden, gehören zur Installation und sollen an den Schwänzeltanz, die Kommunikationsform der Bienen, erinnern.

Wir gehen ein Stück auf dem St.-Helens-Weg zurück und folgen ihm schließlich weiter bergab, um dann links in den Cardiffer Weg einzubiegen, der uns weiter in Schlangenlinien nach unten bringt. In der östlichen Talmulde wurde nach der Gartenbauausstellung auf neu parzellierten Grundstücken

Bienengarten

Wasserspiel am Egelsee

eine Kleingartenkolonie angelegt. Seitdem wird hier alles, was das Kleingärtnerherz begehrt, angebaut. Die Gaststätte „Ins Blaue" mitten im Grünen lädt zu einer Pause ein.

Die Seen werden liebevoll auch Krebsschwanz genannt, da die Anordnung optisch an einen solchen erinnert.

Gestärkt spazieren wir weiter, biegen an einem Wasserspielplatz links in den Kairoweg ein, kommen an weiteren bunten Häuschen der Kleingärtneranlage vorbei und erreichen den flachen Teil des Wartbergs. Hier kann man mit dem **Egelsee** **5** und weiteren kleineren Seen, die zusammen eine etwa 5000 Quadratmeter große Seenplatte bilden, einen landschaftlich-architektonischen Augenschmaus entdecken. Im Sommer ist eine Reihe von Springbrunnen, Fontänen und Wasser speienden geometrischen Figuren rund um die Seen in Betrieb. Somit bilden diese Kunstobjekte auch gleichzeitig Stuttgarts größte Wasserspiele.

Auf dem Kairoweg an den Seen links vorbei queren wir schließlich die Heilbronner Straße und die Eisenbahntrasse in „luftiger" Höhe über den **Bombaysteg** und **Brünner Steg,** benannt nach Partnerstädten Stuttgarts, in Richtung Leibfriedscher Garten, den wir erreichen, wenn wir uns weiter links halten.

Der Ursprung des **Leibfriedschen Gartens** **6** geht auf den Schokoladenproduzenten Eduard Moser zurück, der hier 1875 eine prachtvolle Hochrenaissance-Villa samt englischem Garten und einer Grotte bauen ließ. Nach dem Tod seiner Ehefrau gingen Villa und Park auf den heutigen Namensgeber, Privatier Karl Ernst Leibfried, über. Im Zweiten Weltkrieg wurde das komplette Anwesen zerstört, und danach verwilderte es Stück für Stück. Erst zur Gartenbauausstellung 1993 wurde das Gelände aus seinem Dornröschenschlaf erweckt und als Verbindungsstück zwischen Wartberg und Rosensteinpark in die Planungen einbezogen. Hierfür gestaltete der Bildhauer Hans Dieter Schaal die Ruinen der Villa zu einem Gesamtkunstobjekt um. Leider sind einige der Kunstobjekte heute nicht mehr begehbar oder zerstört.

Aussicht von der Bastion Leibfried

Wer nähern uns über Treppen der Bastion Leibfried. Auf dem ehemaligen Wasserbehälter der Villa, der die Springbrunnen des Parks speiste, trotzt sie als letztes erhaltenes Kunstobjekt der Zerstörungswut. Wir erklimmen entweder querfeldein den Hang hinauf oder spiralförmig über die angelegten Wege den 10 Meter hohen Aussichtshügel und genießen den Weitblick.

Runter geht es rechtsherum, um dem Hauptweg links über den verwunschenen Lodzer Steg zum **Rosensteinpark** 7 zu folgen, den wir in Kürze erreichen. Am Ende des Stegs halten wir uns rechts. Im Sommer sieht der Park eher wild und verwachsen aus, man will noch einmal Kind sein und am liebsten durch die hochgewachsenen Wiesen toben und die wilden, bunten Blumen pflücken. Doch das, was nach Wildwuchs aussieht, ist geplantes Chaos. Die Wiesen im

„Ist das Kunst ODER KANN DAS WEG?“

Mit dem Kunstobjekt „Das Sanctuarium (Heiligtum)“ ist zur Gartenbauausstellung 1993 durch den niederländischen Konzeptkünstlers Herman de Vries am nordwestlichen Zipfel des Leibfriedschen Gartens eine weitere landschaftsarchitektonische Installation entstanden, die auch nach der Ausstellung erhalten blieb. Es handelt sich um einen kreisrunden Bezirk, der von einem torlosen Zaun aus ca. 170 Stahlstäben von knapp 3 Meter Höhe eingeschlossen ist. Intention des Künstlers war es, nach 20 Jahren einen dicht bewachsenen Urwald in diesem nicht zugänglichen Bereich als eigentliches Kunstwerk zu erschaffen. Die Natur sollte sich ihren Lebensraum ungehindert zurückerobern und sich frei entfalten. Ähnlich wie Beuys' „Fettecke“ erregte das Sanctuarium öffentliches Aufsehen, als 2018 kurz vor Ostern das städtische Garten- und Friedhofsamt „den Wildwuchs“ bis auf den Boden zurückschnitt. Von der Stadt als Pflegekonzept bezeichnet, sah de Vries sein Kunstwerk zerstört und wollte rechtliche Schritte prüfen.

Rosensteinpark

Haupteingang der Wilhelma

Rosensteinpark und ein paar weitere im Schlossgarten werden regelmäßig gemäht, zu Heu gemacht und dienen als Futter für die nahe gelegene Wilhelma. Daher gilt hier „Betreten verboten, Liegen verboten, Hunde verboten".

Wir gehen zunächst geradeaus am **Museum am Löwentor** vorbei, einem der beiden Naturkundemuseen, halten uns danach erneut links, schlendern nach einem Rechtsbogen schließlich an der **Wilhelma** vorbei, erhaschen dabei immer wieder einen kostenlosen Blick auf so manches Zootier und können den meist ziemlich exotisch klingenden Geräuschen der unterschiedlichsten Tiere lauschen. Eigentlich genau der richtige Ort, um es sich auf einer Parkbank im bedeutendsten Landschaftspark Südwestdeutschlands gemütlich zu machen. Doch uns zieht es weiter immer geradeaus, und wir erreichen schnell das dem Park seinen Namen gebende **Schloss Rosenstein.** Wunderbar in das Gesamtbild des Parks eingefügt, wurde es von König Wilhelm I. nach der Lieblingsblume seiner früh verstorbenen Frau Katharina benannt. Heute befindet sich im Schloss ein weiterer Standort der Naturkundemuseen, ein Besuch lohnt sich auf alle Fälle. Während im Museum am Löwentor der Fokus auf der Paläontologie und Geologie liegt und man in die unterschiedlichen Erdzeitalter eintauchen kann, dreht sich hier alles um das Thema „Leben und Evolution", das man in den verschiedensten Lebensräumen der Erde von Wüste über Regenwald bis zum Polargebiet selbst entdecken kann. Wir gehen am Haupteingang des Schlosses vorbei, lassen den hübschen **Rosengarten** links liegen und steigen den Hang hinab, um auf die Zielgerade unseres Spaziergangs einzubiegen: die Schlossgartenanlage.

Ursprünglich war sie nur ein kleiner Lustgarten, der jedoch seit dem 16. Jahrhundert auf Geheiß des württembergischen Hofes nach und nach erweitert wurde; teilweise erstreckte sich die Anlage über ein noch größeres Gebiet, als es heute der Fall ist. Heute teilt sich die Parkanlage in den Oberen, Mittleren und Unteren Schlossgarten auf und verbindet über Fußgängerbrücken und ein Wegenetz die Anlagen des Schlosses Rosenstein und der Villa Berg zu einem riesigen „Großstadtdschungel". Wir umrunden den **Inselsee,** auf den wir als Erstes stoßen, im Uhrzeigersinn und kommen zur Haltestelle **Mineralbäder 8.** Der Name ist Programm und weist darauf hin, dass man sich nur einen „Kopfsprung" entfernt im warmen Mineralwasser – die dazugehörigen Quellen wurden übrigens bei den Bauarbeiten zum Schloss Rosenstein entdeckt – aalen könnte. Hätten wir doch nur die Badesachen eingepackt!

Daher lassen wir die Haltestelle hinter uns, durchstreifen den **Schlossgarten 9,** der gerade im Sommer in diesem Teil zum Grillen oder Chillen einlädt, weiter geradeaus, sehen rechter Hand die über einen Kilometer lange **Platanenallee,** ein ausgewiesenes Naturdenkmal, die uns auf unserem Weg zum mittleren Teil der Schlossgartenanlage begleitet. Vielleicht können wir je nach Tageszeit eines der Paare der Gelbkopfamazonen sichten, die seit etwa 35 Jahren in Stuttgart leben. Kaum zu glauben, dass die Papageien sich hier so wohlfühlen und vermehrt haben, da sie in ihrer Heimat vom Aussterben bedroht sind.

An der Jugendverkehrsschule geht es einen kleinen Anstieg hoch, mit dem wir die Cannstatter Straße überqueren, dann rechts die Treppen wieder hinunter, um den nächsten See gegen den Uhrzeigersinn zu umrunden und dann immer geradeaus in Richtung Hauptbahnhof und Biergarten weiterzugehen. Wir folgen dem Weg, sehen das **Planetarium** und gelangen über den Ferdinand-Leitner-Steg in den **Oberen Schlossgarten.**

Eckensee im Schlossgarten

Parallel zur Königstraße verlaufend, lädt der Park hier ein, dem Trubel der Einkaufsmeile zu entfliehen oder einmal im Jahr auf Großleinwänden die Liveübertragung aus dem Opernhaus „Ballett im Park" oder das Trickfilmfestival auf einer Picknickdecke kostenlos als Open-Air-Genuss mitten in der Großstadt zu verfolgen. Beim großen Stuttgarter Sommerfest verwandelt sich dieser Teil des Schlossgartens mit weißen Pavillons und Pagoden stilvoll in einen idyllischen Ort zum Verweilen und zum Genießen des „Summer in the city".

Vorbei geht es links am Eckensee. Hier passieren wir das **Schauspielhaus,** die **Oper** – kulturell Interessierte sollten sich unbedingt frühzeitig um Karten fürs renommierte Ballett der Stadt kümmern – und den **Landtag.** Der **Akademiegarten** **10** liegt nun hinter dem Neuen Schloss direkt vor uns. Namensgebend war die sich hier ab 1775 befindliche Militärakademie Hohe Carlsschule, an der die neue Führungselite, unter anderem auch Friedrich Schiller, des Landes heranzubilden war. Heute weisen neben dem Akademiebrunnen, der sich samt den Platanen noch am Originalstandort befindet, nur noch ein kleines Modell des damaligen Akademiegeländes und ein Reliefgiebel auf die Geschichte dieses Teils der Schlossgartenanlage hin.

Nach diesem Spaziergang stellt man ganz sicher fest: „Stuttgart, wie grün du doch bist."

Schlossgarten

4 IN DER INNENSTADT

Start: Schillerplatz, Am Fruchtkasten 3, 70173 Stuttgart
(GPS: 48.777288, 9.178374)
Ziel: Schellenturm, Weberstraße 72, 70182 Stuttgart
(GPS: 48.773293, 9.183473)
Länge: ca. 3 Kilometer
Dauer: ca. 1,5 Stunden
ÖPNV: Haltestelle Schlossplatz, U5, U6, U7, U12, U15;
Rückkehr zum Ausgangspunkt: Haltestelle Rathaus,
U9 bis Charlottenplatz, zu Fuß etwa 300 Meter
Parken: Parkhaus Schillerplatz, Schillerplatz, 70173 Stuttgart

Unterwegs entdeckt:

1 Alte Kanzlei
2 Schillerplatz mit Schillerdenkmal
3 Akademiegarten
4 Neues Schloss
5 Königstraße
6 Altes Schauspielhaus
7 Eberhardstraße 63 – ehemaliges Wohnhaus Schillers
8 Tagblatt-Turm
9 Hauptstätter Straße 30 – ehemaliger Gasthof „Zum Goldenen Ochsen"
10 Schellenturm

Essen + Trinken:

Restaurant Tauberquelle, Torstraße 19, 70173 Stuttgart,
Tel. 07 11/5 53 29 33, tauberquelle-stuttgart.de
(gemütliches Restaurant mit schwäbischen Klassikern)

Weinbar High Fidelity, Brennerstraße 23, 70182 Stuttgart,
Tel. 07 11/2 48 43 30, highfidelity.bar (hervorragende Weine, Streetfood aus Lima und Vinyl mit bester Tonqualität aus Röhrenverstärkern)

Auf Schillers Spuren

Obwohl Friedrich Schiller 1759 in Marbach am Neckar geboren wurde, hat er zahlreiche Spuren in Stuttgarts Innenstadt hinterlassen. Wir folgen ihnen auf diesem Spaziergang und erfahren etwas mehr über sein wechselhaftes Leben aus der Zeit, bevor er der große deutsche Dichter wurde. Dabei tauchen wir auch etwas in die Stadtgeschichte Stuttgarts ein und sehen bekannte Orte in ganz neuem Licht.

Wir starten unsere Schiller-Entdeckungstour am Schillerplatz, den man bequem zentral per U-Bahn über die Haltestelle Schlossplatz erreicht. Über die Rolltreppen verlassen wir die unterirdische Haltestelle und stehen schon auf dem mittleren Teil von Stuttgarts längster Einkaufsstraße: der **Königstraße.** Mit ihren 1,2 Kilometern gehört sie zu Deutschlands am stärksten frequentierten Einkaufsmeilen. Hier im Zentrum von Stuttgart führt sie an einigen wichtigen Sehenswürdigkeiten wie Schlossplatz, Königsbau und Kunstmuseum vorbei und bietet alles für den Shoppingspaß.

Schillerdenkmal

Wir lassen heute jedoch den Konsum rechts liegen, gehen links in Richtung Schillerplatz und passieren dabei die **Alte Kanzlei** 1. Hier hatte die landesfürstliche Verwaltung ihren Sitz. Nach dem Bau der Neuen Kanzlei 1838 wurde das Gebäude in Alte Kanzlei umbenannt.

Der östliche Teil der Alten Kanzlei wurde 1544 bis 1546 unter Herzog Ulrich von Württemberg errichtet. 1566 wurde das Gebäude von dem Architekten Aberlin Tretsch um ein Geschoss aufgestockt und bis zum Prinzenbau hin verlängert. Nach einem Brand 1683 wurde das Gebäude von Matthias

Weiß (1636–1707) wieder aufgebaut. Nach schweren Zerstörungen im Zweiten Weltkrieg 1944 wurde die Alte Kanzlei 1951 bis 1952 wiederhergestellt.

Rund um das **Schillerdenkmal am Schillerplatz 2** fügt sich die Alte Kanzlei in ein historisches Gebäudeensemble, bestehend aus Prinzenbau, Altem Schloss, Stiftskirche und dem Fruchtkasten ein. Mehr über das komplette Gebäudeensemble erfahren wir auf dem Spaziergang 1 „Quer durch Stuttgart".

Akademiegarten

Wenden wir uns jedoch nun dem Denkmal von Johann Christoph Friedrich Schiller zu, das seit 1839 hier steht und an den „großen Sohn der Stadt" erinnert. Für 45.000 Gulden, heute wären das etwa 1,2 Millionen Euro, wurde das Schillerdenkmal zwischen 1835 und 1839 geplant, modelliert und erbaut. Ursprünglich sollte es auf dem „Schillerfeld", dem heutigen Standort des Stuttgarter Hauptbahnhofes, außerhalb der Stadt errichtet werden. Doch Schiller wurde mehr Aufmerksamkeit zuteil, und so wurde schließlich mitten in der Stadt auf dem Alten Schlossplatz, dem späteren Schillerplatz, am Vorabend von Schillers 34. Todestag am 8. Mai 1839 das Denkmal feierlich enthüllt und eingeweiht. Mehrere Tausend Gäste aus allen Teilen Deutschlands waren angereist, um der Feierlichkeit beizuwohnen.

Beim Schillerdenkmal in Stuttgart handelt es sich um das erste große Dichterdenkmal in Deutschland. Das Modell des

Standbildes wurde vom dänischen Bildhauer Bertel Thorvaldsen im Klassizismus entworfen und später von Johann Baptist Stiglmaier in München in Bronze gegossen. Die architektonische Gestaltung des Denkmals erfolgte nach den Plänen von Nikolaus von Thouret und Gottlieb Bindesbøll.

Bis es zu diesem Denkmal kommen konnte, hinterließ Schiller nicht nur seine literarischen Spuren. Von hier aus begeben wir uns nun auf Spurensuche und wenden uns in Richtung Neues Schloss. Dieses passieren wir rechter Hand und gelangen so in den **Akademiegarten** 3 auf der Rückseite des Gebäudes. Zentral in der Anlage sieht man bereits von Weitem den **Löwenbrunnen,** auch Akademiebrunnen genannt, auf den wir zugehen. Dieser wurde für König Friedrich von

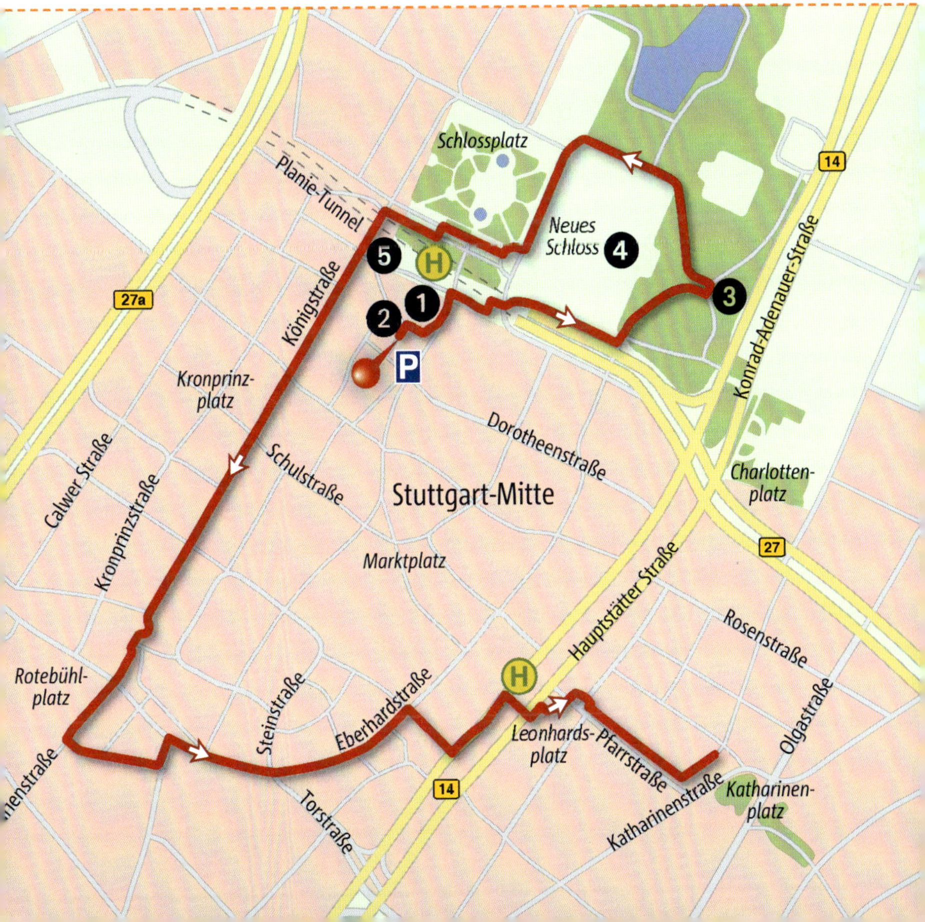

Akademiebrunnen

Württemberg durch Nicolas von Thouret erschaffen und steht noch samt den ihn umgebenen Platanen an seinem Originalstandort.

Hier befand sich ab 1775 in einer ehemaligen Kaserne die Militärakademie Hohe Carlsschule. Ein kleines Modell, das neben dem Brunnen zu finden ist, zeigt die Ausmaße der späteren Universität. Bereits 1770 wurde sie durch Herzog Carl Eugen im herzoglichen Lustschloss Solitude für Söhne aus den oberen, angesehenen württembergischen Familien mit dem Ziel gegründet, die neue Führungselite heranzubilden. Friedrich Schiller, der bereits ab 1773 an der von ihm gehassten Carlsschule Jura studierte, wechselte nicht nur samt Schule nach Stuttgart, sondern schließlich 1776 auch den Studiengang Richtung Medizin, den er 1780 erfolgreich abschloss. Doch eigentlich wollte er etwas ganz anderes machen – schreiben. Was seine Figur Moritz Spiegelberg in seinem ersten Stück „Die Räuber" ausspricht, könnte auch Schiller selbst zu dieser Zeit gesagt haben:

Giebelrelief

Große Gedanken dämmern auf in meiner Seele! Riesenplane gären in meinem schöpfrischen Schädel.

Um an den Ort der damaligen Abschlussfeierlichkeiten zu gelangen, spazieren wir einmal um das **Neue Schloss** **4** herum, betrachten im Vorbeigehen noch schnell ein Giebelrelief der Carlsschule als letzten Zeitzeugen, sehen rechts den Landtag und das Große Haus, die Staatsoper. Hier befindet sich übrigens ein zweites, weniger bekanntes Schillerdenkmal, das vom Stuttgarter Bildhauer Adolf von Donndorf entworfen und 1913 aufgestellt wurde.

Ein paar Schritte später stehen wir wieder frontal vor dem Schlossportal. Hier befindet sich noch heute der wie das gesamte Neue Schloss nach dem Zweiten Weltkrieg rekonstruierte Weiße Saal. Genau hier feierte Friedrich Schiller 1780

Neues Schloss

seinen offiziellen Studienabschluss. Bereits ein Jahr zuvor, bei einer Preisverleihung zu den Jahrgangsprüfungen, traf er, der in drei Fächern für seine Leistungen feierlich ausgezeichnet wurde, zum ersten Mal auf Johann Wolfgang von Goethe. Dieser war gemeinsam mit Herzog Karl August von Sachsen-Weimar als Gast anwesend.

Brunnen am Neuen Schloss

Da zu Schillers Zeiten die Carlsschule noch nicht als Universität geführt wurde, wurde sein Medizinstudium nicht allgemein anerkannt. So konnte Schiller im Anschluss keine Privatpraxis als Arzt eröffnen, sondern trat in die Fußstapfen seines Vaters und stellte sich als Militärarzt in den

Schlossplatz

Altes Schauspielhaus

Dienst seines Landesherrn Herzog Carl Eugen von Württemberg. Um an den Ort zu gelangen, wo Schiller als Regimentsmedikus seinen Dienst tat, flanieren wir die **Königstraße** 5 nach links in Richtung Rotebühl/Stadtmitte. An deren Ende überqueren wir die Eberhardtstraße und tauchen geradeaus in die Marienstraße ein. Diese gehen wir nur ein kleines Stück entlang in Richtung Gerberviertel und biegen links in die Kleine Königstraße ab.

Dieser folgen wir ein paar Schritte, bis wir vor der halbrunden Jugendstilfassade des **Alten Schauspielhauses** 6 stehen bleiben. In nur sieben Monaten erbaut, wurde diese architektonische Perle 1909 eröffnet. Vielleicht liegt es am historischen Boden, auf dem das Gebäude steht, das zu den schönsten Theatern in Baden-Württemberg zählt und den Krieg fast unversehrt überstand, dass hier immer wieder die großen Stücke Schillers aufgeführt werden.

In diesem Areal befand sich im 18. Jahrhundert die Kaserne mit dem etwa 240 Mann starken Stuttgarter Grenadierregiment „General Augé", das fast ausschließlich aus Invaliden und „Krüppeln" bestand. Hier arbeitete Friedrich Schiller für einen kargen monatlichen Sold von 18 Gulden. Dies zwang ihn zu einer sparsamen Lebensweise, und er zog gemeinsam mit seinem Freund Leutnant Franz Josef Kapf, der sich ebenfalls als Dichter versuchte, in ein kleines, beheizbares Parterrezimmer mit Herd und großer Kammer.

Um dieses ehemalige **Wohnhaus Schillers** 7 zu finden, verlassen wir die Kleine Königstraße in Richtung Tübinger Straße und halten uns links in Richtung Eberhardstraße. In diese biegen wir nach rechts ein und schlendern bis zur Hausnummer 63. In direkter Nachbarschaft zum 1928 fertiggestellten **Tagblatt-Turm** 8, übrigens das erste Stahlbeton-Hochhaus in Deutschland, befand sich besagte „Junggesellen-WG". Wo heute leider weder Haus noch sonstige Hinweise auf den berühmten Bewohner zu finden sind, mietete sich Friedrich Schiller ab dem 1. Februar 1781 bei der Hauptmannswitwe Luisa Dorothea Vischer ein. Hier wohnte er bis zu seiner Flucht aus Stuttgart im September 1782 und vollendete sein bereits während seines Studiums

großen Koffern und einem kleinen Klavier begannen Friedrich Schiller und sein Freund Andreas Streicher unter den falschen Namen Dr. Ritter und Dr. Wolf am Abend des 22. September 1782 unerkannt die abenteuerliche Flucht. Der Abend war wohl gewählt, da zur gleichen Zeit ein rauschendes Fest im Schloss Solitude zu Ehren des gerade in Stuttgart weilenden russischen Großfürsten Paul und seiner Frau stattfand. So waren die Stadttore nicht wie sonst stark bewacht, wurden schnell geöffnet, und die Kutsche konnte ohne große Probleme Stuttgart verlassen.

An der letzten Station unserer Spurensuche wird zumindest ein Teil dieser Geschichte wieder lebendig. Um dorthin zu gelangen, überqueren wir die Hauptstätter Straße in Höhe der **Leonhardskirche,** lassen das Breuniger-Parkhaus links liegen und gehen geradeaus die Pfarrstraße bis zu einem Irish Pub entlang. Wir befinden uns nun mitten im „schillerndsten" Stadtviertel Stuttgarts, dem **Bohnenviertel,** in dessen Geschichte wir auf Spaziergang 5 „Entlang der B14" tiefer eintauchen werden. Hier zweigt links die Weberstraße als kleine Gasse ab. Diese gehen wir einige Meter geradeaus und stehen nun rechter Hand vor dem **Schellenturm 10.** Er wurde von Herzog Christoph um 1565 als Teil der Stadtmauer erbaut und ist einer der wenigen kläglichen Überreste der Stuttgart Stadtbefestigung. Für uns steht er sinnbildlich für das Esslinger Tor, das in Höhe des heutigen Charlottenplatzes lag, durch das Schiller Stuttgart verließ und erst elf Jahre später wieder zu einem Besuch zurückkehren sollte. Unterschwellig ließ ihn das Thema Heimat auch in seinen Werken nicht los, wie in „Die Huldigung der Künste":

Ein schönes Herz hat bald sich heim gefunden;
Es schafft sich selbst, still wirkend, seine Welt.
Und wie der Baum sich in die Erde schlingt
Mit seiner Wurzeln Kraft und fest sich kettet,
So rankt das Edle sich, das Treffliche,
Mit seinen Taten an das Leben an.
Schnell knüpfen sich der Liebe zarte Bande:
Wo man beglückt, ist man im Vaterlande.

So endet unsere Schillertour symbolisch dort, wo Schiller seine vorerst letzte Spur in Stuttgart hinterließ.

Wer noch nicht genug hat, der findet noch einen weiteren wichtigen Platz aus Schillers Leben hier in Stuttgart. Auf Tour 9 „Vom Bopser bis nach Heslach" passieren wir mit einer Eiche etwas unterhalb des Bopserwaldes ein „grünes" Denkmal, das 1865 im Gedenken an Friedrich Schiller zu seinem 60. Todestag dort gepflanzt wurde. Die Wahl fiel nicht wegen der schönen Aussicht auf die auf 408 Meter über Meeresspiegel liegende Anhöhe, sondern weil Schiller genau dort 1781 seinen Kameraden und Mitschülern zum ersten Mal „Die Räuber" vortrug. Die Schillerhöhe ist auch heute noch ein lauschiges Plätzchen, an dem man es sich auf Bänken oder der Wiese bequem machen kann und sich vielleicht bei einem „schilligen" Picknick ein paar Zeilen aus einem seiner Werke und den fantastischen Blick über den Stuttgarter Süden gönnt.

Auf dem Fangelsbachfriedhof im Stuttgarter Lehenviertel liegt Schillers ältester Sohn Karl Friedrich Ludwig begraben.

Schellenturm

5 ENTLANG DER B14

Start: Schauspiel Stuttgart, Oberer Schlossgarten 6, 70173 Stuttgart
(GPS: 48.780607, 9.184782)
Ziel: Wilhelmsplatz, 70182 Stuttgart
(GPS: 48.771379, 9.178404)
Länge: ca. 2,3 Kilometer
Dauer: ca. 1 Stunde
ÖPNV: Haltestelle Schlossplatz, U5, U6, U7, U12, U15;
Rückkehr zum Ausgangspunkt: Haltestelle Rathaus, U9 bis Charlottenplatz, zu Fuß etwa 300 Meter
Parken: Parkhaus Staatsgalerie, Konrad-Adenauer-Straße 32, 70173 Stuttgart

Unterwegs entdeckt:

1 Schauspiel- und Opernhaus
2 Haus der Geschichte
3 Staatsgalerie
4 Hochschule für Musik und Darstellende Kunst
5 StadtPalais
6 Bohnenviertel
7 Leonhardskirche
8 Parkhaus Züblin
9 Leonhardsviertel
10 Wilhelmsplatz

Essen + Trinken:

Weinstube Zur Kiste, Kanalstraße 2, 70182 Stuttgart, Tel. 07 11/24 40 02, www.zur-kiste.de (unbedingt reservieren und „1 und 1" bestellen)
Weinhaus Stetter, Rosenstraße 32, 70182 Stuttgart, Tel. 07 11/24 01 63, www.weinhaus-stetter.net
Weinstube Fröhlich, Leonhardstraße 5, 70182 Stuttgart, Tel. 07 11/24 24 71, www.weinstube-froehlich.de
Imbiss Brunnenwirt, Leonhardsplatz 25, 70182 Stuttgart, Tel. 07 11/24 56 21
Weinbar High Fidelity, Brennerstraße 23, 70182 Stuttgart, Tel. 07 11/2 48 43 30, highfidelity.bar (hervorragende Weine, Streetfood aus Lima und Vinyl mit bester Tonqualität aus Röhrenverstärkern)

Von der Kultur- zur Sündenmeile

Die Stuttgarter Kulturmeile befindet sich an der Konrad-Adenauer-Straße zwischen Charlottenplatz und Staatsgalerie, ein Abschnitt der viel befahrenen B14. Warum? Ganz einfach, denn hier ballen sich auf wenigen Hundert Metern in einer Mischung aus modernen und historischen Gebäuden mehrere Kulturinstitutionen, von der Oper über die Staatsgalerie bis zum Stadtmuseum.

Wir starten mit unserem Spaziergang vor dem **Schauspiel- und Opernhaus 1**, früher auch Kleines Haus und Großes Haus genannt. Zwischen 1909 und 1912 wurden beide Häuser vom Architekten Max Littmann aus München als Doppeltheater im Schlossgarten erbaut. Nach Ende der Monarchie in Württemberg erfolgte die Umbenennung der Königlichen Hoftheater in Württembergische Landestheater. Bereits seit 1924 stehen beide Gebäude unter Denkmalschutz. Im Zweiten Weltkrieg wurde das Kleine Haus komplett zerstört und im Zeitraum von 1959 bis 1962 durch einen Neubau von den Architekten Hans Volkart, Kurt Pläcking und Bertam Perlia ersetzt. Das Große Haus blieb mit seinen Säulen erhalten, wurde 1956 zu Tode modernisiert und anschließend bis 1984 wieder in die ursprüngliche Gestalt zurückversetzt. Besonders der Zuschauerraum wurde nach Originalplänen wieder dem Zustand von 1912 angenähert. Seit 2001 heißt das Große Haus Opernhaus, das Kleine Haus Schauspielhaus.

Schauspielhaus

Während wir in Richtung Unterführung der Konrad-Adenauer-Straße schlendern und uns links vorbei am Opernhaus

Opernhaus

Haus der Geschichte

halten, werfen wir noch einmal einen Blick auf die Eingangsfront des Großen Hauses. Auf der Attika sind zehn 4 Meter hohe Figuren als Portikusbekrönung angeordnet. Diese wurden 1912 nach Bewegungsskizzen von Ludwig Habich von neun verschiedenen Bildhauern entworfen und von den Bildhauern Richard und Willy Schönfeld ausgeführt. Sie stellen die Allegorien der Künste dar, die bei der Schaffung szenischer Vorgänge in Tätigkeit treten.

Wir tauchen kurz in die Unterführung ein, queren die viel befahrene B14, halten uns, wenn wir wieder ans Tageslicht gelangen, links und kommen über weitere Treppen zum **Haus der Geschichte 2.** Bereits vor dem Gebäude stehen einige Schaukästen mit Exponaten, die die baden-württembergische Geschichte widerspiegeln. Die Geburtsstunde dieses Museums war das Jahr 1987, seit 2002 befindet es sich am heutigen Standort im Neubau an der Konrad-Adenauer-Straße. Mit 2100 Quadratmetern sowie regelmäßigen Sonderschauen auf 500 Quadratmetern zeichnet es die Landesgeschichte der vergangenen 200 Jahre nach, stellt diese stets in einen gesamtgeschichtlichen Zusammenhang und bildet damit den Südwesten in all seinen Facetten ab. Für uns geht es am Eingang vorbei die Treppen hinunter, an Wasserspielen vorbei, die Treppen hoch, um zur Staatsgalerie zu gelangen.

Bevor wir den Haupteingang der Staatsgalerie erreichen, kommen wir am 1983 im Gebäude der Neuen Staatsgalerie eröffneten Kammertheater vorbei. Wir lassen es trotz spannendem Programm rechts liegen und gehen zielstrebig weiter. Wir spazieren nun entlang des 1984 eröffneten Erweiterungsbaus der **Staatsgalerie 3**. Dieser wurde vom britischen Architekten James Stirling im Stil der Postmoderne gestaltet und gilt auch heute noch als Meisterwerk dieser Stilrichtung. Die Staatsgalerie an sich existiert bereits seit 1843 als Kunstmuseum und zeigt Malerei ab dem Hochmittelalter sowie Skulpturen ab dem 19. Jahrhundert. Zudem beherbergt sie eine umfangreiche graphische Sammlung.

In der breiten Öffentlichkeit und beim Fachpublikum wurde der unkonventionell gestaltete Bau mit seinen verfremdenden historisierenden Bauformen aus Travertin und Sandstein, die im Kontrast zu bunten Stahlträgern, pinkfarbenen Geländern

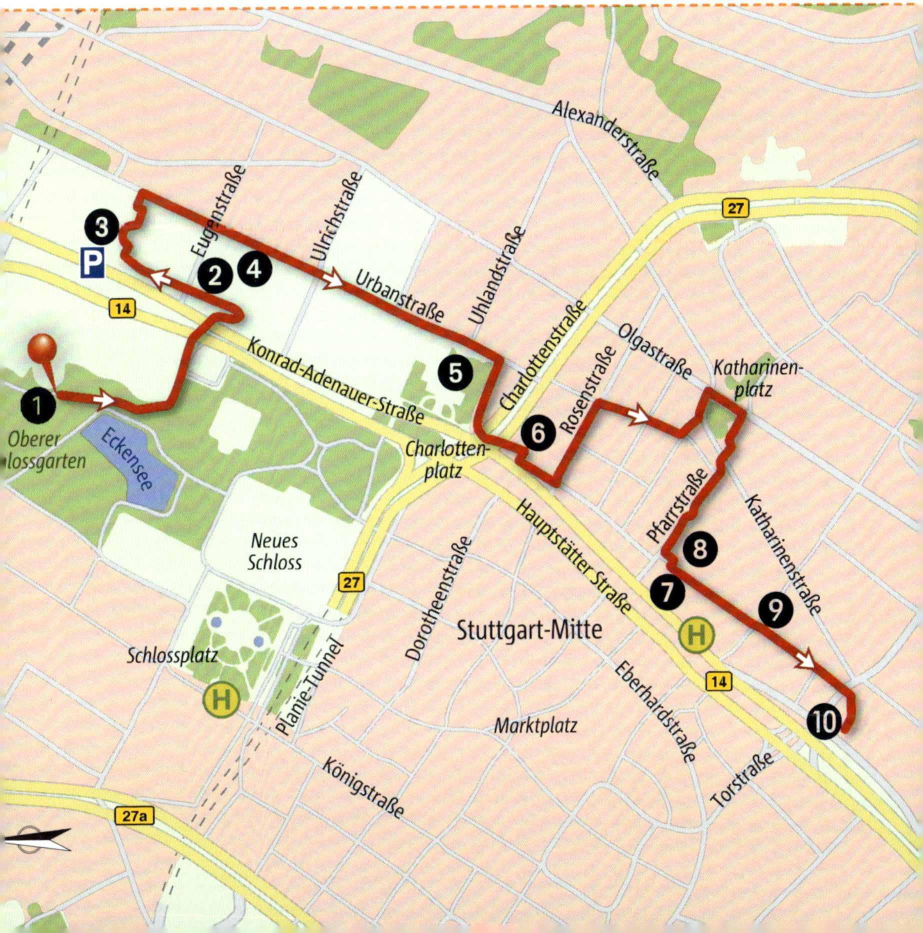

und grellen Fenster standen, zunächst eher verhalten bis ablehnend aufgenommen. Obwohl die internationale Fachpresse überwiegend positiv auf diese starken Kontraste reagierte, kritisierten führende Architekten und Architekturkritiker den modernen Bau als zu monumentalistisch und zu wenig abgrenzend zur Architektur der Nationalsozialisten. Diese Diskussionen schadeten den Besucherzahlen jedenfalls nicht, und die Staatsgalerie verzeichnete bereits im Jahr der Eröffnung einen riesigen Besucherandrang.

Staatsgalerie

Damit die über 400.000 Objekte umfassende graphische Sammlung erstmals nach dem Krieg adäquat gezeigt werden konnte, entwarf das Schweizer Architektenehepaar Steib einen Anbau, der zwischen 2000 und 2002 entstand. Durch zwei Glasbrücken ist der fünfgeschossige, 70 Meter lange Bau mit der Alten Staatsgalerie verbunden.

Wir besichtigen heute keine der Ausstellungen und biegen rechter Hand zur Rotunde der Staatsgalerie ab, die wir spiralförmig nach oben gehen. In diesem offenen Bereich kann man als Museumsbesucher bei schönem Wetter sitzen, und manchmal finden hier auch kulturelle Veranstaltungen, wie Konzerte oder Theaterabende, statt. Oben angelangt stehen wir in der Urbanstraße. Wer nach links blickt, kann von Weitem über dem Urbansplatz die 2020 neu eröffnete **John Cranko Schule** thronen sehen: den Neubau der Stuttgarter Ballettschule, die 1971 vom langjährigen Direktor des Stuttgarter Balletts gegründet worden war. John Cranko sorgte für den auch heute noch geltenden Weltruhm des Stuttgarter Balletts. Durch das auch international wachsende Renommee der Ballett-Kompanie erhielt die Schule ständig größeren Zulauf und zählt zu den anerkanntesten Ballettschulen weltweit.

Wir wenden uns nach rechts, gehen die Urbanstraße Richtung Charlottenplatz entlang und können an lauen Sommertagen schon von Weitem den Klang der Musikinstrumente oder so manchen Gesang hören. Denn nach wenigen Metern stehen wir vor der **Hochschule für Musik und Darstellende Kunst** 4 und können bei geöffneten Fenstern den Nachwuchstalenten bei ihren Proben lauschen. Doch nicht nur von außen lohnt sich die Hochschule, sondern es finden in ihr übers Jahr bis zu 300 Konzerte statt, viele davon kostenlos. Ein Abstecher – Achtung, ein Geheimtipp! – in den elften Stock lohnt sich. Hier befindet sich die Terrasse des Turms der Musikhochschule, und durch die runden Bullaugen kann man seinen Blick vom Schlossgarten über grüne Hinterhöfe und den kompletten Sterling-Bau der Staatsgalerie schweifen lassen. Übrigens bildet der Bau der Hochschule mit dieser ein Gesamtensemble und spiegelt diese. Der Turm bildet hierbei das Gegenstück zur Rotunde, die wir eben noch hochmarschiert sind. Um an den Schlüssel zum Turm zu kommen, der normalerweise verschlossen ist, muss man seinen Personalausweis beim Hausmeister hinterlegen. Der Zugang zur Musikhochschule ist von 8 bis 12 und von 14 bis 22 Uhr möglich.

Musikhochschule

Nach dem kostenlosen Blick über die Landeshauptstadt geht es für uns auf der Parallelstraße zur Kulturmeile weiter, und wir kommen auf unserem Weg in Richtung Bohnenviertel an der **Württembergischen Landesbibliothek** vorbei. Das sich aktuell noch im Umbau befindliche Gebäude wurde im August 1970 eingeweiht und wird zurzeit nach einem Entwurf des Stuttgarter Architekturbüros Lederer Ragnarsdóttir Oei erweitert, um den rund eine halbe Million Bänden in Freihandaufstellung Platz zu geben. Genau der richtige Ort, um Literaturquellen für seine nächste Schul- oder Studienarbeit zu finden. Wir setzen unseren Weg die Urbanstraße entlang fort und befinden uns mittlerweile im **Gerichtsviertel.** Zwischen Olgastraße und Urbanstraße beziehungsweise zwischen Ulrichstraße und Archivstraße befinden sich 18 Gerichtssäle, die von Oberlandesgericht und Landgericht gemeinsam genutzt werden.

Vor dem Landgericht in der Urbanstraße erinnern drei Stelen an ein dunkles Kapitel Stuttgarts: Im Innenhof wurden während des „Dritten Reichs" 423 Menschen durch das Fallbeil hingerichtet.

Fast am Ende der Urbanstraße angekommen, sehen wir das **StadtPalais 5** von hinten. Das ehemalige Wilhelmspalais, Wohnort des letzten Königs Wilhelm II. von Württemberg, das im Zweiten Weltkrieg komplett zerstört und im Zeitraum 1961 bis 1965 am Original orientiert wiederaufgebaut wurde, beherbergte bis 2011 die Stadtbücherei. Seit 2018 befindet sich in den neu gestalteten Räumen das Städtische Museum. Hier biegen wir rechts ab und gehen am StadtPalais vorbei in Richtung Konrad-Adenauer-Straße, um vorm Zugang zur Stadtbahn links abzubiegen und die Charlottenstraße an der

Gerichtsviertel

Fußgängerampel zu überqueren. Jetzt gehen wir noch ein paar Treppenstufen hinunter und stehen mit beiden Beinen im **Bohnenviertel 6,** das sich ursprünglich bis zum Wilhelmsplatz zog, dann später dort in Leonhardsviertel, aufgrund der Leonhardskirche, umbenannt wurde.

StadtPalais

Im 15. Jahrhundert entstand das Viertel als erstes Wohnquartier außerhalb der Stadtmauer in der Stuttgarter Vorstadt. Die Bohne gab dem Viertel, eigentlich offiziell als Esslinger Vorstadt bezeichnet, seinen Namen, da die eher ärmeren Bewohner sie in ihren Gärten als Nahrungsmittel anpflanzten. Lange Zeit schmückten girlandenartig Bohnen an Schnüren die Häuser im Bohnenviertel. Eine Legende besagt, dass 1823, als der Kronprinz im Hause Württemberg geboren wurde, folgende Botschaft im Bohnenviertel zu lesen stand: „Erbse, Bohne, Linse: Hurra, mer hent en Prinze!"

Gasse im Bohnenviertel

Im Viertel lebten Weingärtner, die ihre Weinhänge ab 1900 als Bauplätze zu Geld machten und selbst zu Blumen- oder Gemüsehändlern wurden, Pfandleiher, Altwarenhändler, Kleinstfabrikanten, jüdische Kaufleute und Gastwirte friedlich nebeneinander. Zudem tummelten sich noch die etwas ungepflegt wirkenden Tagelöhner in Einheitsbekleidung, liebevoll als „Leonhardsschlamper" bezeichnet, unter ihnen. Man sagte den Bewohnern des Bohnenviertels nach, originell und keine Kostverächter zu sein. Daher wurden sie auch „Veschperlesmoischter" (Vesper-Meister) oder „Knackwurschtprivatiers" genannt.

In den 1970er-Jahren sollte das in die Jahre gekommene Stadtviertel überbaut werden. Auch hier setzte sich die bis heute demonstrationsfreudige Stuttgarter Bevölkerung für ein typisches Innenstadtquartier zum Leben und Arbeiten ein. So blieb der teilweise morbide Charme der kleinen, schiefen Fachwerkhäuser erhalten und wurde mit Rücksicht auf diesen Charakter

Weinstube Zur Kiste

entsprechend mit Neubauten erweitert und saniert. Einmal im Jahr tanzt das ganze Quartier beim Stuttgarter Bohnenviertelfest. Bühnen mit Live-Musik, kühle Drinks in lauschigen Hinterhöfen und schwäbische Leckereien laden zum Feiern ein. Somit behielt das Viertel seinen typischen Charakter bis heute, und wir finden auf unserem Spaziergang durch die pittoresken Altstadtgässchen eine Vielzahl von Cafés, Weinstuben, Künstlerateliers oder Trödelläden. Unser Weg führt uns an der Weinstube Zur Kiste nach rechts, um gleich darauf nach links in die Rosenstraße zu biegen. Wir kommen an der ältesten Weinhandlung Stuttgarts vorbei, die gleichzeitig auch Weinstube ist. Seit über 120 Jahre existiert das **Weinhaus Stetter,** das mit seinen über 500 Positionen an Weinen als wahre Wein-Institution Stuttgarts gilt.

Am oberen Ende der Rosenstraße ist im Café Hüftengold der Name Programm. Samstags & sonntags tolle Torten und Kuchen!

An der nächsten Straße, der Weberstraße, halten wir uns rechts, folgen dieser und kommen an der Ecke Wagnerstraße an den Schellenturm. Im Jahre 1564 erbaut, ist er einer der wenigen Überreste der Stuttgarter Stadtmauer. Namensgebend für den Turm sind die so genannten Schellenwerker, verurteilte Sträflinge, die zum öffentlichen Arbeitsdienst mit Schellen, kleinen Glöckchen, versehene Kleidung trugen.

Weinhaus Stetter

Wir gehen am Turm linker Hand die Treppen nach oben und sehen bereits die **Katharinenkirche.** Diese umrunden wir über die Olgastraße und gehen über den Katharinenplatz am Hauptportal der Kirche vorbei. Das Besondere an der Katharinenkirche, deren Name auf ihre Stifterin Catherine Masson aus Bayswater (Liverpool) zurückgeht, ist, dass die Anglikanische Gemeinde ein dauerhaftes

Nutzungsrecht an der von den Altkatholiken genutzten Kirche hat. Die Einweihung der Kirche fand im August 1868 durch den Bischof von Honolulu statt, der im Auftrag des Bischofs von London fungierte. Das in Stuttgart bis heute als „Englische Kirche" bekannte Gebäude wurde während des Zweiten Weltkriegs fast vollständig zerstört und durch die Altkatholische Gemeinde, die die Kirche bereits seit 1907 benutzte, übernommen und wiederaufgebaut.

Katharinenkirche

Leonhardskirche

Über ein paar weitere Treppenstufen stoßen wir langsam, aber sicher auf Stuttgarts Sündenmeile. Wir gehen die Pfarrstraße entlang und sehen erste Szenekneipen auf der rechten Seite und vor uns bereits die **Leonhardskirche 7**, die diesem Teil des Viertels den Namen gab. Hierbei handelt es sich um die zweitälteste Kirchengründung in der Altstadt Stuttgarts. Bereits 1337 wurde am Standort der heutigen Kirche, auf freiem Feld, eine kleine, dem heiligen Leonhard geweihte Kapelle erbaut. Nachdem sich die Esslinger Vorstadt mit dem Bohnenviertel nach und nach entwickelte, wurde bereits um 1408 die Kapelle durch eine einschiffige Kirche mit Chor und Turm ersetzt, um schließlich zwischen den Jahren 1463 und 1466 durch den Baumeister der Stiftskirche Aberlin Jörg als spätgotische dreischiffige Hallenkirche mit seitlich stehendem Turm erneut erweitert zu werden. So blieb die Kirche bis zum Zweiten Weltkrieg bestehen, während dem sie schließlich stark beschädigt wurde. In vereinfachter Form wurde die Leonhardskirche durch Rudolf Lempp wieder errichtet. Die Kreuzigungsgruppe, die nahe der Kirche

Parkhaus Züblin

steht, ist mittlerweile die dritte Kopie des Originals aus dem Jahre 1501, das für den Leonhardskirchhof, den Friedhof, erschaffen wurde.

Die Leonhardskirche ist auch als Vesperkirche bekannt. Hier werden jährlich von Januar bis März vom Stuttgarter Diakoniepfarramt und Hunderten Ehrenamtlichen aus verschiedenen Alters- und Berufsgruppen rund 800 Menschen nicht nur mit Essen und Heißgetränken, sondern auch ärztlich und seelsorgerisch versorgt. Finanziert wird die Vesperkirche durch Spenden, sowohl von privat als auch von Unternehmen.

Für uns geht es über den Leonhardsplatz, die Kirche zur Rechten, das **Parkhaus Züblin** **8** zur Linken, weiter auf unse-

Leonhardsviertel

Weinstube Fröhlich im Leonhardsviertel

rem Weg. Das Parkhaus Züblin ist nicht nur Parkhaus, sondern auch Ort für Kunst und Urban-Gardening. Seit 2013 existiert auf dem Parkhausdach der „Park(haus)"-Garten mit unterschiedlichen Blumen und Nutzpflanzen, und seit 2014 werden bei „Fumes and Perfumes" regelmäßig Fotoprojekte von regionalen, nationalen und internationalen Künstlern auf allen Ebenen des Parkhauses ausgestellt. Der Zugang zum Parkhausdach und zur Ausstellung ist rund um die Uhr kostenlos möglich. Aktuell gibt es jedoch Pläne, diesen Bereich des Viertels umzugestalten und das Parkhaus abzureißen.

Immer geradeaus halten wir auf das **Leonhardsviertel 9** zu. Das Stadtquartier befindet sich seit Jahren im Wandel. Neben Traditionskneipen, Weinstuben und Musik-Clubs trifft man hier auf Stripbars, Laufhäuser und Stundenhotels. In Stuttgarts kleinem Rotlichtviertel herrscht reger Verkehr, der vor allem in den Abendstunden und an den Wochenenden zunimmt. Dann flaniert man durch die Leonhardstraße, schaut verschämt nach links oder rechts, kehrt in kultigen Bars ein, isst beim Brunnenwirt die beste Currywurst Stuttgarts oder genießt schwäbische Küche in der Weinstube Fröhlich, die von 1963 bis Mitte der Achtziger der Treffpunkt für Künstler, Szene und Intellektuelle war, da es das erste Lokal in Stuttgart war, das bis zwei Uhr nachts öffnen durfte.

Bevor wir das „Rotlichtviertele" verlassen, kommen wir an der Richtstraße vorbei. Die kleine Gasse hieß bis 1811 Scharfrichtergäßlein, da dort der Henker in unmittelbarer Nähe zu seiner Arbeitsstätte wohnte. Nach dem Überqueren der Wilhelmstraße erreichen wir diese. Wo heute einmal pro Woche mit Kohl- und Salatköpfen hantiert und Marktstände aufgeschlagen werden, rollten früher andere Köpfe. Was zuerst einmal makaber klingt, hat einen ernsthaften Hintergrund, schaut man auf die Geschichte des **Wilhelmsplatzes 10.** Denn bereits ab 1451 fanden auf diesem Richtplatz Dutzende Delinquenten den Tod durch Enthauptung mit dem Schwert oder durch Aufhängen am Galgen. Gut, dass diese Zeiten vorbei sind! Heute kann man hier höchstens nach einer durchzechten Nacht in einer der zahlreichen Bars den Kopf verlieren.

6 DURCH STUTTGARTS WESTEN

Start/Ziel: Johanneskirche am Feuersee, Gutenbergstraße 11, 70176 Stuttgart (GPS: 48.773683, 9.164483)
Länge: ca. 4,6 Kilometer
Dauer: ca. 1,5 Stunden
ÖPNV: Haltestelle Feuersee, S1, S2, S3, S4, S5
Parken: Parkplatz Rotebühlhof, Rotebühlstraße, 70178 Stuttgart

Unterwegs entdeckt:

1 Johanneskirche
2 Metzgerei Schneider
3 Rossbollengässle
4 Tarte & Törtchen
5 Feinkost Panzer
6 Brezel Bäck Bosch
7 Café Stöckle
8 Mókuska Kaffeerösterei

Essen + Trinken:

Metzgerei Schneider, Gutenbergstraße 47, 70176 Stuttgart, Tel. 07 11/61 85 76, www.metzger-schneider.de

Tarte & Törtchen, Gutbrodstraße 1, 70197 Stuttgart, Tel. 07 11/91 25 35 05, www.tarteundtoertchen.de

Misik, Silberburgstraße 41, 70176 Stuttgart, Tel. 07 11/45 14 04 47, www.misik-shop.de

Café Stöckle, Johannesstraße 76, 70176 Stuttgart, Tel. 07 11/6 36 46 53, www.cafestoeckle.de

Speisekammer West, Rosenbergstraße 89, 70193 Stuttgart, Tel. 07 11/93 59 06 22, www.speisekammer-west.de (regionale Produkte, saisonale Gerichte)

Ein kulinarischer Spaziergang

Stuttgart erweiterte sich erst Anfang des 19. Jahrhunderts in Richtung Westen. Typisch dabei die auch noch heute sichtbare Blockrandbebauung, bei der ein gemeinsam genutzter Innenhof entsteht. Da das Wohnquartier im Zweiten Weltkrieg nicht großflächig zerstört wurde, ist Stuttgart-West eines der größten zusammenhängenden Altbaugebiete in Deutschland. Unter anderem macht dies den Bezirk so beliebt auf dem Wohnungsmarkt. Das Stadtgebiet von Stuttgart-West zieht sich bis auf den Birkenkopf, aufgrund der Schuttablagerungen des im Zweiten Weltkrieg zerstörten Stuttgarts auch Monte Scherbelino genannt, und geht bis zum Schloss Solitude im Nordwesten. Der Westen zeigt sich jedoch auch von seiner grünen Seite, denn mit dem Schwarz- und Rotwildpark rund um das Bärenschlössle zählt eines der größten zusammenhängenden Waldgebiete der Stadt zu seiner Fläche. In den zahlreichen Hinterhöfen erblickte in den dortigen Werkstätten und Fabriken so manche Marke das Licht der Welt. Unter anderem startete Robert Bosch mit einem Gesellen und einem Laufburschen in der Rotebühlstraße die Erfolgsgeschichte seines Weltkonzerns. Der Grundstein hierfür wurde 1887 gelegt, als er den ersten Magnetzünder entwickelte. Auch heute noch findet man hier im Westen einige kleinere Handwerksbetriebe, Designer und Künstler.

Wir besuchen auf unserer kulinarischen Tour einige Genusshandwerker und starten an einem zentralen Platz, dem Feuersee. Hoch überragt wird der als dreieckiger Löschwasserteich im Jahr 1701 angelegte See von der **Johanneskirche 1**, bei deren Bau sein heutiges Gesamtbild entstand. Nach einer neuerlichen Umgestaltung wurde eine Promenade um den Feuersee angelegt, die zum Verweilen einlädt. Die evangelische Johanneskirche wurde von 1864 bis 1876 im neugotischen Stil von Christian Friedrich von Leins erbaut. Das Besondere daran: Sie ist auf etwa 660 Pfählen errichtet und steht somit mitten auf dem Wasser. Nach den Zerstörungen des Zweiten Weltkrieges

Johanneskirche

wurde die Kirche äußerlich wiederaufgebaut. Da nicht genügend finanzielle Mittel vorhanden waren, wurde der ehemals 66 Meter hohe Kirchturm auf nur noch rund 45 Meter verkürzt und ohne Turmspitze restauriert. Die Feuerseekirche gilt heute als Mahnmal gegen den Krieg.

Jetzt geht es aber endlich los mit unserem Spaziergang. Wir folgen der Gutenbergstraße immer geradeaus, um zum ersten Stopp auf unserer kulinarischen Route zu gelangen. Die **Metzgerei Schneider 2** ist ein traditionsreiches Familienunternehmen, das 1934 an anderer Stelle im Stuttgarter Westen gegründet wurde. Es wird aktuell noch von der dritten Generation betrieben, doch die vierte Generation steht bereits in den Startlöchern und ist zur Übernahme bereit. Im Dezember 1950 wurde das Stammhaus an jetziger Stelle eröffnet, 1992 dann ein neuer Betrieb nach EU-Richtlinien in Freiberg am Neckar eröffnet. Doch das Stammhaus samt Stammkunden bleibt weiterhin in der Gutenbergstraße. Unter der Woche genießen Angestellte aus den umliegenden Büros den günstigen Mittagstisch wie bei Oma oder nehmen eben auch einfach mal eine Maultasche auf die Hand.

Metzgerei Schneider

Wer einen größeren Vorrat brauchte, wurde früher direkt in der Parallelstraße glücklich: In der Ludwigstraße 64 befand sich im Hinterhof lange Zeit eine ganz besondere, versteckte Manufaktur. Hier drehte sich alles um die Maultasche. Im Sommer 2022 wurde die **Maultaschenteigfabrik Peter Wachendorfer** leider geschlossen, doch in Stuttgart erinnern sich noch viele an diese kulinarische Institution, in der die Zeit stehen geblieben zu sein schien. Die Maschinen zur Herstellung des hauchdünnen Nudelteigs stammten aus der Vorkriegszeit, taten aber unermüdlich noch das, was sie sollten: walzen und falzen. Peter Wachendorfer hatte den Großteil der Maschinen samt Räumlichkeiten vom Vorbesitzer übernommen, dessen Familie hatte das Unternehmen bereits 1886 gegründet.

Auf die Maschinen aus Guss und Eisen konnte man mit viel Glück einen Blick erhaschen, wenn Antje Oehler, Wachendorfers Tochter, den ehemaligen Verkaufsraum durch eine Tür betrat. Sie führte das Geschäft rund um die „Herrgottsbescheißerle" bis zuletzt. Eigentlich wurden hauptsächlich Gastronomen, Metzger und Restaurants tagtäglich mit

Wachendorfer Manufaktur

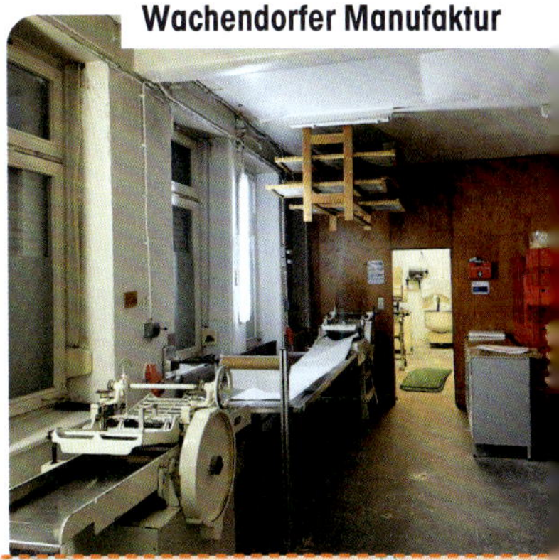

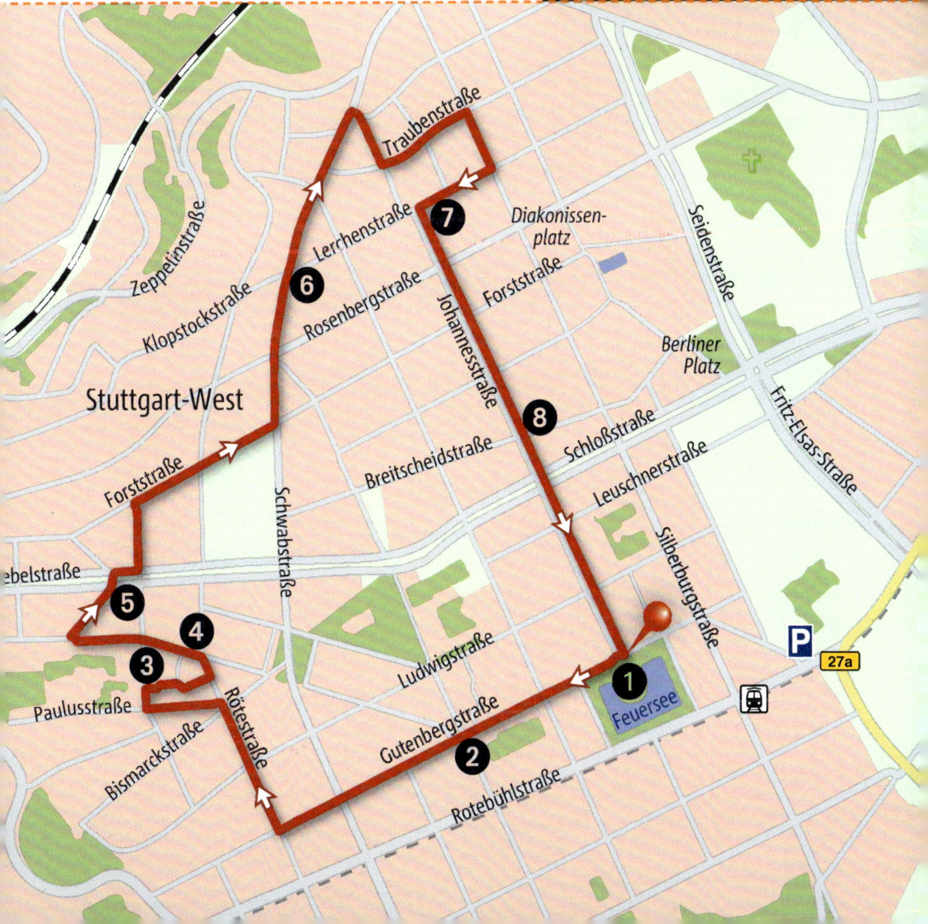

200 bis 400 Kilogramm des fertigen Teigs aus einem Gemisch von Weizendunst, Gries, Salz, Wasser und Ei beliefert. Alleinstellungsmerkmal hierbei war die individuelle Wunschlänge der Teigbahnen, und ab 15 Kilogramm konnte der Geschmack und somit auch die Farbe des Teiges selbst bestimmt werden. Endkunden konnten selbstverständlich auch einkaufen, und gerade zu Ostern standen die Hausfrauen Schlange vor dem kleinen Laden. Trotz großer Teigmengen ging hier immer noch alles wie bei Oma samt natürlichen Inhaltsstoffen zu, und man fühlte sich in eine ganz andere Zeit fernab industrieller Großproduktion versetzt.

Wir gehen, die Metzgerei Schneider im Rücken, in Richtung Schwabstraße und überqueren diese. In der Gutenbergstraße 77a wartet, ebenfalls im Hinterhof, ein etwas anderer Bioladen auf uns. Vor über 20 Jahren wurde der **plattsalat e. V.** mit der Idee gegründet, regionalen Bioanbau zu fördern und auch sozial schwächer gestellten Menschen Bioprodukte zugänglich zu machen. Im Laden können Vereinsmitglieder, die einen Monatsbeitrag entrichten, im Vergleich zu Nichtmitgliedern zu günstigeren Preisen Biowaren aus allen Bereichen des täglichen Bedarfs kaufen. Nichtmitglieder

Maul TASCHEN

Einige meinen, die Maultaschen wären quasi nur eine Abwandlung der italienischen Ravioli. Aber nein, sie sind nicht nur eine schwäbische Spezialität, sondern auch eine schwäbische Erfindung. Die Nudelteigtaschen, die je nach Familienrezeptur mit mehr oder weniger Brät, Spinat, Petersilie, Zwiebeln und Brot gefüllt werden, stammen aus dem Kloster Maulbronn (übrigens Weltkulturerbe und einen Besuch wert!). Nach der sich hartnäckig haltenden Legende hat ein Mönch das Fleisch in der Fastenzeit vor dem Herrgott verstecken und ihn damit betrügen wollen. Aus diesem Grund werden die Maultaschen auch liebevoll „Herrgottsbescheißerle" genannt.

zahlen den normalen Bioladenpreis. Der Laden arbeitet nicht gewinnorientiert, sondern selbstbestimmt, umsatzunabhängig und fair gegenüber den Erzeugern.

Uns zieht es noch ein paar Meter die Gutenbergstraße entlang, um schließlich rechts in die Rötestraße abzubiegen. Wir folgen dieser Straße über die Ludwig- und Bismarckstraße, um kurz danach links in die Paulusstraße einzubiegen.

Auf dem Bismarckplatz findet dreimal die Woche (Dienstag, Donnerstag & Samstag) ein Wochenmarkt statt. Von Obst über Gemüse bis zu Brot, Käse und Fleisch gibt es an den Marktständen alles, was das Herz begehrt.

Wir marschieren die Paulusstraße bis zur Seyfferstraße und halten uns hier schließlich rechts. Gleich wieder rechts tauchen wir in einem kleinen Gässchen, dem **Rossbollengässle 3**, in die Stuttgarter Hinterhofromantik ein. Dieser große Hinterhof entstand durch die entsprechenden Abstandsflächen zwischen mehreren Liegenschaften und Grundstücken. Diese Fläche, süddeutsch auch Bauwich genannt, berechnet sich aus der Höhe und Tiefe des betreffenden Gebäudes und darf nicht bebaut werden. Hier wurde diese Freifläche zu einem großzügigen Hinterhof samt Spielplatz umgestaltet. Wir können zwischen den Häusern über das Gässchen schlendern, das nach den „Stuagerder Roßbolla" – den Pferdeäpfeln des Stuttgarter Wappentieres – benannt wurde. Diese schokoladige Süßigkeit gibt es mittlerweile in so mancher Confiserie käuflich zu erwerben.

Rossbollengässle

Süß, schokoladig und kalorienhaltig geht es auch bei unserem nächsten Halt an der Ecke Gutbrot- und Vogelsangstraße zu. Im Erdgeschoss und Sou-

Tarte & Törtchen

terrain des Eckhauses hat sich Aline John mit **Tarte & Törtchen** 4 ihren Traum der Selbstständigkeit erfüllt. Alles fing mit einer lapidaren Frage ihres Chefs eines Cafés im Süden, in dem sie jobbte, an: ob sie nicht Kuchen backen wolle. Mit drei Kuchen am Tag ging es los, später wurden es zehn bis zwölf täglich. Aline hatte ihre Berufung gefunden und machte eine Ausbildung zur Konditorin im Stuttgarter Café Königsbau. Danach hat sie auch in einer Patisserie in Berlin gearbeitet, und ihr war klar: „So etwas fehlt in Stuttgart!“ Nach einem halben Jahr Planungszeit eröffnete sie ihr kleines Café – zunächst nur im Souterrain. Ihre Kreationen mit den eigenwilligen Namen, wie zum Beispiel Midnight, Wiener Walzer, Miss Helene, Leidenschaft, Boheme, Rote Zora oder Kugel-Hüpf, gibt es in den Größen von S bis XXS. Süß ist hier absolut Trumpf, dabei achtet die Konditorin immer ganz genau auf Geschmack, Konsistenz, Genuss, Qualität und Vielfalt, backt ohne Gelatine, und ihre Rohstoffe sind bio und fair.

Ums Eck in der Vogelsangstraße liegt das Vogelsangatelier. Dort entwerfen und produzieren fünf Künstler/Designer schöne Dinge mitten im Stuttgarter Westen.

Schräg gegenüber befindet sich **Schüttgut,** der erste Unverpackt-Laden in der Region Stuttgart. Hier kann man Dinge des täglichen Bedarfs, von Lebensmitteln bis zum Waschmittel, ohne Umverpackung und grammgenau abgewogen kaufen. Wir lassen ihn dieses Mal links liegen, gehen die Vogelsangstraße weiter nach oben und verlassen diese an der Ecke Arndtstraße, um dieser zu folgen.

Wir stoßen auf die Bebelstraße, an deren Ecke sich eine fast ausgestorbene Spezies von Geschäft befindet: **Feinkost Panzer** **5** ist einer der wenigen übrig gebliebenen Lebensmittelläden und wurde in den 1980er-Jahren von der Mutter der jetzigen Besitzerin übernommen. Damals gab es noch circa 60 weitere solche Feinkost- und Lebensmittelläden nur im Stuttgarter Westen. Silvia Panzers Geschäft erinnert an die Tante-Emma-Läden der guten alten Zeit. Sie führt neben Obst und Gemüse aus der Region, das sie jeden Morgen frisch auf dem Großmarkt holt, jede Menge Kleinigkeiten von Pralinen über Wurst- und Käsespezialitäten bis zu Wein und Spirituosen. Besonders Gin-Liebhaber kommen bei ihr auf ihre Kosten.

Ein kleines Pralinchen mit auf den weiteren Weg genommen, überqueren wir die Stadtbahngleise und schlendern vorbei an Friseuren und sonstigen Lädchen durch die Nebenstraßen der viel befahrenen Bebelstraße. Zuerst geht es links in die Seyfferstraße, um dann rechts der Forststraße zu folgen. Wir

Boulangerie

stoßen nach einer Weile auf die ebenfalls hoch frequentierte **Schwabstraße,** die an ihrem südlichen Ende durch den Schwabtunnel führt. Zwischen 1894 und 1896 wurde der Tunnel unter dem Hasenberg hindurchgebaut, um die neu entstandenen Stadtteile besser miteinander zu verbinden. Er war damals der breiteste Straßentunnel Europas, die Straßenbahnschienen waren bereits verlegt, und der zweite innerstädtische Tunnel in Kontinental-Europa überhaupt. Geschichte schrieb der Tunnel dann noch einmal 1901: Hier durchfuhr weltweit zum ersten Mal ein Automobil einen Tunnel.

Brezel Bäck Bosch

Für uns geht es die Schwabstraße jedoch in nördlicher Richtung entlang, und wir spüren den leichten Anstieg, der auf uns wartet. Gut, dass in der Hausnummer 127 die nächste Station unserer Entdeckungsreise bereits wartet. In der **Boulangerie** geht es – ganz dem Namen nach – sehr französisch zu. Wir müssen nur der Nase folgen, und schon nehmen wir den Duft der frisch gebackenen Baguettes, Croissants oder Éclairs von Weitem wahr. Seit Februar 2020 zaubern hier Marylin und Lucas mit viel Leidenschaft und Liebe zum Detail feinste französische Backwaren. Nicht nur wer gerne französisch mit einem Pain au chocolat samt Café au Lait in den Tag startet, ist hier richtig, sondern man kann hier auch ohne TGV gefühlt kurz in Paris abtauchen.

Auch beim nächsten Halt werden keine kleinen Brötchen gebacken. Bei **Brezel Bäck Bosch 6** dreht sich alles um das verknotete Laugengebäck, das für einen Schwaben den Him-

Bistro Misik

mel auf Erden bedeutet. Seit 1911 wird in der Schwabstraße 104 gebacken, was das Zeug hält, und mit der vierten Generation wird der Familienbetrieb auch noch weiter bestehen bleiben. Ob es hier nun die beste Brezel in Stuttgart gibt, muss jeder für sich selbst entscheiden. Auf alle Fälle heißt es hier am Samstagmorgen erst einmal Schlange stehen. Eine Butterbrezel als kleiner Zwischensnack geht immer.

Bis zur **Raupe Immersatt,** Deutschlands erstem Foodsharing-Café am Hölderlinplatz, ist diese bereits verspeist. Um dorthin zu gelangen, folgen wir einfach der Schwabstraße weiter und biegen nach der Traubenstraße die nächste rechts ein. Das Foodsharing-Café, das sich der Lebensmittelrettung verschrieben hat, setzt sich mit seinem Konzept für mehr Lebensmittelwertschätzung und einen achtsamen Umgang mit den Ressourcen ein. Was hier auf den Tisch kommt, wurde in anderen Lebensmittelläden gerettet und erhält eine zweite Chance auf Verzehr.

Was kann uns jetzt nach solch einem ungewöhnlichen Konzept noch auf unserer Route durch den Westen erwarten? Wir spazieren kurz an der Endstation der Stadtbahn am **Hölderlinplatz** vorbei, zweigen nach links in die Traubenstraße ab, um schließlich an der Kreuzung Silberburgstraße vor dem kleinen, hübschen **Bistro Misik** zu stehen. Hier hat die aus Seoul stammende Musiklehrerin und Designerin Jungmi Ha ihren Traum vom eigenen Restaurant in die Realität umgesetzt. Was den Weg auf die kleine und wechselnde Karte findet, ist authentisch koreanisch und wurde nach Familienrezepten ihrer Mutter oder Großmutter gekocht. Alles ist frisch und selbst gemacht, und man fühlt sich mit jedem Bissen direkt nach Südkorea versetzt. Für eine koreanische Maultasche, eine Mandu, ist immer Zeit. Leicht scharf gekrönt wird das gefüllte Teigtäschchen mit Koreas Nationalgemüse Kimchi.

Wem das zu exotisch oder scharf ist, der findet im **Café Stöckle** 7 sicher eine Alternative. Wir gehen dazu die Silberburgstraße bis zur Lerchenstraße entlang, folgen dieser nach rechts und zweigen die nächste Straße, die Johannesstraße, links ab. Nun stehen wir vorm traditionsreichen Lokal, das seit über 100 Jahren im Familienbesitz ist. Von leckeren, selbst hergestellten Backwaren über gute schwäbische Küche, alles wird mit Zutaten von regionalen Bauern und Lieferanten frisch zubereitet. Ein Stückle Kuchen im Stöckle sollte auf alle Fälle gehen, und wir nehmen Platz in einem der liebevoll im Retro-Charme gestalteten Räume oder auf der Terrasse direkt an der Johannesstraße, dem ältesten Prachtboulevard Stuttgarts, der einst nach den Plänen von König Wilhelm I. angelegt worden ist.

Johannesstraße

Die einen guten Kilometer lange, vom Amtsgericht bis zur Johanneskirche mit Bäumen gesäumte Straße bildet auch für uns den Abschluss unserer kleinen kulinarischen Reise. Wir flanieren dem Feuersee entgegen und kommen auf Höhe der kreuzenden Breitscheidstraße zur **Mókuska Kaffeerösterei** 8, ungarisch für Kleines Eichhörnchen. Seit 2018 werden in der kleinen Rösterei in Stuttgart-Feuerbach hochwertige Kaffeespezialitäten hergestellt, die dann ihren Weg in Cafés im Westen finden. Alle Rohkaffees sind transparent gehandelt, und die Bezugswege können durchgängig nachverfolgt werden. Ein kleiner Espresso schließt nicht nur den Magen, sondern bildet auch einen gelungenen Abschluss unserer Kulinariktour durch den Westen. Koffeingestärkt kommen wir nach ein paar Minuten wieder an unserem Ausgangspunkt an.

7 VOM BAHNHOF BIS ZUM HASENBERG

Start: Sparda-Bank, Am Hbf 3, 70173 Stuttgart
(GPS: 48.787179, 9.180750)
Ziel: Skulpturenpark, Hasenbergsteige 77–79, 70197 Stuttgart
(GPS: 48.765368, 9.149741)
Länge: ca. 4,7 Kilometer
Dauer: ca. 2 Stunden
ÖPNV: Haltestelle Hauptbahnhof, diverse Verbindungen; Rückkehr zum Ausgangspunkt: ca. 1,2 Kilometer zu Fuß bis zur Haltestelle Schwabstraße, dann S1, S2, S3, S5, S6 bis Hauptbahnhof
Parken: Tiefgarage LBBW/Hauptbahnhof, Am Hauptbahnhof 2, 70173 Stuttgart

Unterwegs entdeckt:

1 „Wegezeichen 2 und 3"
2 „Wegezeichen 4"
3 „Wegezeichen 1"
4 „Stadtzeichen 69/74"
5 Hospitalviertel
6 „Durchbrochene Fläche im Raum"
7 Hoppenlaufriedhof
8 „Große Sitzende"
9 „Raumbewegung 76/86 II"
10 Villa Hajek

Essen + Trinken:

Diverse Restaurants in der Innenstadt

Auf den Spuren von Otto Herbert Hajek

Auf unserem Kunstspaziergang folgen wir den Spuren von Otto Herbert Hajek, einem Stuttgarter Bildhauer. Er hinterließ viele Großplastiken im öffentlichen Raum, die nicht nur quer verteilt in Stuttgart, sondern auch weltweit wie zum Beispiel in Moskau oder in den Vatikanischen Museen zu finden sind. Doch wer war eigentlich Hajek? Wir lernen auf unserem Weg den Künstler und Menschen kennen, entdecken aber dabei auch sein Schaffen und seine Werke. Otto Herbert Hajek wurde 1927 im ehemals böhmischen Kaltenbach geboren, ging in Böhmen und nach der Flucht der Familie später in Erlangen ins Gymnasium. Er studierte schließlich an der Staatlichen Akademie der Bildenden Künste in Stuttgart unter Peter Otto Heim Bildhauerei. Zu Beginn seines Kunstschaffens nutzte er vor allem Holz, Stein und Bronze als Werkstoffe. Hajek war ab den 1960er-Jahren jedoch einer der Ersten, die Beton als künstlerisches Material einsetzten. Sein künstlerischer Erfolg setzte sehr schnell ein. Bereits 1958 war der junge Bildhauer unter anderem auf der Weltausstellung in Brüssel und bei der Biennale in Venedig zu sehen. Schließlich stellte er auf der documenta II im Jahr 1959 und 1964 auf der documenta III aus. Doch in Baden-Württemberg und Stuttgart interessierten diese Erfolge niemanden. Aufgrund der scheinbaren „Extreme" seiner Werke verordnete das Finanzministerium, Hajek nicht für öffentliche Aufträge zuzulassen. Jahre später folgte die Versöhnung, denn ansonsten könnten wir gerade seine Großplastiken im öffentlichen Raum nicht betrachten.

Wir starten mit unserer Tour hinter der Sparda-Bank in der Nähe des Stuttgarter Hauptbahnhofes. Wir stehen vor **„Wegezeichen 2 und 3" 1.** Beide Kunstwerke sind aus Bronze gearbeitet und markieren den Haupteingang der Sparda-Bank. Sie greifen die Formen (Kubus und Zylinder) von „Wegezeichen 1" wieder auf, das in unmittelbarer Nähe steht und an dem wir gleich vorbeikommen werden. Obwohl beide Wegezeichen sich sowohl in Grundform als auch im Material ähneln, unterscheiden sie sich trotzdem deutlich. So durchdringt der Zylinder einmal den vertikal stehenden Pfeiler, und einmal umhüllt der Pfeiler den vertikal stehenden Zylinder. Die zwei Bronzeskulpturen werden durch ein Bodenmosaik

„Wegezeichen 2 und 3"

aus blauem, rotem und gelblichem Granit miteinander verbunden. Die Kunstwerke im Rücken gehen wir kurz geradeaus, um dann nach links über ein paar Treppen einen Durchgang zu nehmen, der uns zur Heilbronner Straße führt. An der Einfallstraße nach Stuttgart steht mit vier 16 Meter hohen, rot lackierten Stahlstelen, die mit blauen und gelben Akzenten versehen sind, Hajeks nächstes Kunstwerk. **„Wegezeichen 4" 2** heißen die Struktursäulen, die durch ihre Höhe und den bewegten Umriss fast wie Maste mit flatternden Fahnen wirken. Mit solchen Großplastiken wollte Hajek dem Stadtmenschen Kommunikationsräume zurückgeben. Er erweiterte gezielt den öffentlichen Raum zu einer Kunstgalerie und setzte sich damit bewusst der öffentlichen Kritik aus.

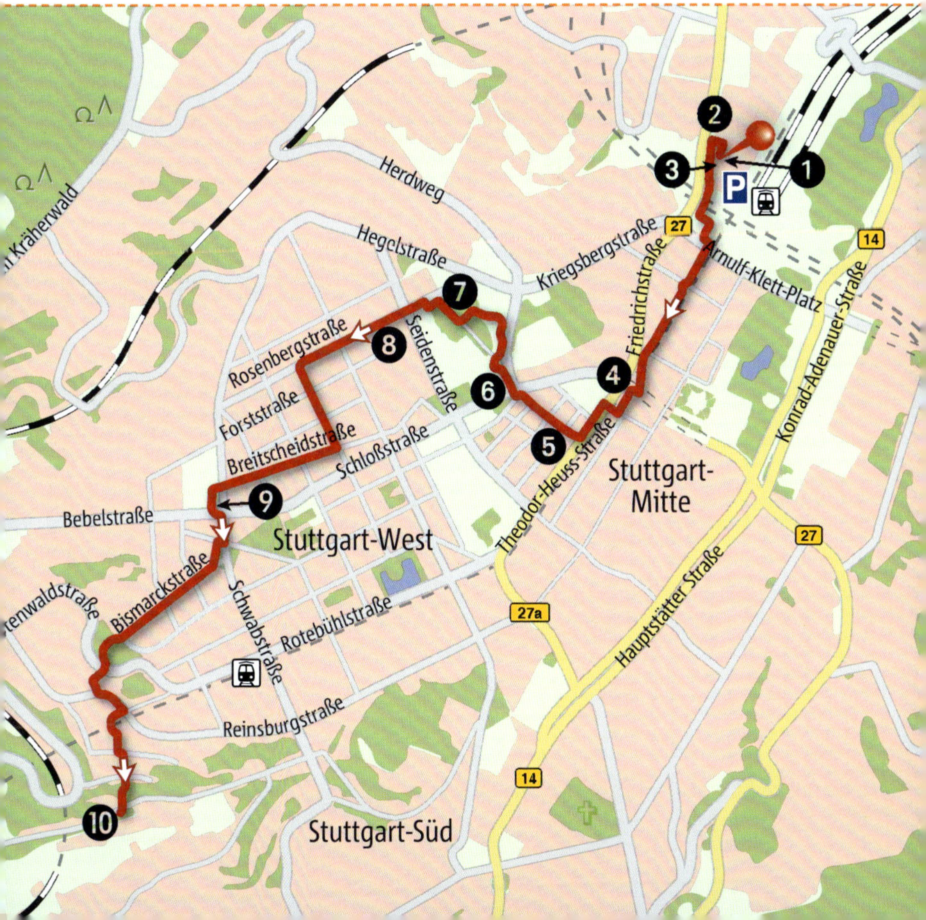

„Wegezeichen 4"

Damit wollte er den dialogischen Aspekt in der zeitgenössischen Kunst fördern, den er als essenziellen Bestanteil einer Demokratie sah.

Die bisherigen Wegezeichen entstanden ab Mitte der 1960er-Jahre. Ab diesem Zeitpunkt beschränkte sich Hajek auf einfache geometrische Formen wie Trapez oder Dreieck und setzte in der farblichen Gestaltung auf Rot, Blau und Gelb beziehungsweise Gold. Dies wurde von nun an zur typischen Form- und Farbsprache des deutschen Künstlers. Hajeks setzte hierbei bewusst auf aktivierende Formen und Farben, da er den städtischen Raum als Lebens-, Erfahrungs- und Identifikationsraum gestalten wollte. Er bezeichnete diese Kunstwerke selbst auch als Stadtikonografien, die als demokratische Mahnmale für Toleranz auf der Welt stehen sollten.

Wir halten uns stadteinwärts und folgen der Heilbronner Straße. Auf einer kleinen Verkehrsinsel an der Südwestseite der Sparda-Bank steht Hajeks **„Wegezeichen 1" 3.** Es ist die größte Bronzeplastik Stuttgarts und hat den liebevollen Kosenamen „Die goldene Rakete". Warum? Das erkennt wohl jeder selbst direkt. Die 11 Meter hohe Bronzeskulptur besteht aus drei Teilen: einem Sockel, einem nach oben schmaler werdenden Pfeiler und einem darauf ausbalancierten Zylinder, der in Richtung Himmel zeigt. Auch hier spiegelt sich die Farbsprache Hajeks mit Rot, Blau und Gold wider.

Im „Manufactum Brot & Butter" (Lautenschlagerstraße 16) wird frisch gebacken, und es gibt lecker belegte Stullen zum Mitnehmen als stärkende Wegzehrung.

Wir wechseln die Straßenseite zum Hotel Graf Zeppelin hin und folgen der Lautenschlagerstraße in Richtung Innenstadt. Vorbei am „Palast der Republik" überqueren wir die

Bolzstraße, um in die abknickende Friedrichsstraße nach links abzuzweigen. Über schräge Treppenstufen geht es für uns hoch zum kleinen Schlossplatz. Dort halten wir uns rechts und stoßen auf das 6 Meter hohe **„Stadtzeichen 69/74" 4.** Dieses markante Kunstwerk stand ursprünglich direkt auf dem kleinen Schlossplatz. Im Jahr 1969 zuerst aus Holz gefertigt, 1974 dann aus Stahl, wurde es schließlich später wieder restauriert am heutigen Standort aufgestellt.

An der nächsten Fußgängerampel überqueren wir die Theodor-Heuss-Straße und gehen links weiter bis zur Abzweigung in die Büchsenstraße. Hier biegen wir rechts ab

„Stadtzeichen 69/74"

Hospitalkirche (mit Figurengruppe unten)

und befinden uns nun im **Hospitalviertel** 5. Dabei handelt es sich um eines der ältesten Stuttgarter Stadtviertel. Als Mitte des 15. Jahrhunderts der innere Stadtbezirk nicht mehr ausreichte, wurde Stuttgart in nördlicher Richtung erweitert. Das Hospitalviertel war geistiges Zentrum mit einer spätgotischen Kirche, deren kriegszerstörter Chor noch heute als Hospitalkirche erhalten ist. Zudem stand hier ein Dominikanerkloster, das nach der Reformation in Württemberg zum Hospital umgewidmet wurde. Mitte des 19. Jahrhunderts wurde hier ebenfalls eine Synagoge errichtet, die durch die Nationalsozialisten zerstört wurde. Mittlerweile existiert sie an gleicher Stelle wieder. Religion, Kunst und Kultur prägten das Viertel über die Jahrhunderte bis in die heutige Zeit.

Wir schlendern die Büchsenstraße am Hospitalhof entlang und kommen zur Schloßstraße. Diese überqueren wir samt Gleisen der Stadtbahn und sind am Stuttgarter Kultur- und Kongresszentrum **Liederhalle** angekommen. Selbst heute gilt sie als einer der wichtigsten deutschen Kulturbauten der Nachkriegszeit. Zum Großteil steht sie seit 1987 unter Denkmalschutz und vereint expressionistische mit organischen Elementen der Architektur und der bildenden Kunst. Vor dem Beethoven-Saal zur Büchsenstraße hin finden wir zwei weitere Werke von Hajek. Sie bedeuteten einen Wendepunkt in seinem künstlerischen Wirken, weg vom Figürlichen hin zum Abstrakten. Die Skulptur **„Durchbrochene Fläche im Raum"** **6** aus dem Jahr 1955, sie steht vor dem Gebäude, war die erste abstrakte Großplastik, die in Stuttgart im öffentlichen Raum aufgestellt wurde, und zählt zudem zu den ersten Außenplastiken in dieser Größe innerhalb Deutschlands. Das passende Wandrelief **„Durchbrochene Fläche"** wurde von außen am Beethoven-Saal angebracht.

„Durchbrochene Fläche"

Nicht nur hier hat Otto Herbert Hajek seine Spuren hinterlassen, sondern auch im Deutschen Künstlerbund. Er engagierte sich dort bereits früh nach Abschluss seines Studiums und war im Zeitraum von 1972 bis 1979 sein Vorsitzender. Hierbei setzte er sich vor allem für die soziale Absicherung von Künstlern ein, um ihnen ein freies, unabhängiges Schaffen zu ermöglichen, und bemühte sich, den Künstlerbund zu einer staatlich anerkannten und geförderten Institution zu machen.

Eines seiner wenigen figürlichen Werke schauen wir uns als Nächstes an. Dafür gehen wir in Richtung Universität die Holzgartenstraße entlang, biegen links ab, schlendern kurz über das Universitätsgelände und kommen zu einem ganz besonderen, mystischen Ort der Stille: dem **Hoppenlaufriedhof** **7**. Im ersten Moment merkt man gar nicht, dass man sich tatsächlich auf einem Friedhof befindet. Es könnte auch eine Parkanlage sein. Wenn wir jedoch einige der noch existierenden Grabsteine entdecken, können wir es beim Lesen der Inschriften erkennen und erahnen. Der Hoppenlaufriedhof ist Stuttgarts älteste noch existierende Begräbnisstätte und wurde 1626 zur Pestzeit angelegt. Sie bot auf

Hoppenlaufriedhof

etwa 2,8 Hektar Platz für 7000 Verstorbene und rund 1600 Grabmale. Hier befindet sich auch der erste jüdische Friedhof Baden-Württembergs, der in einen städtischen Friedhof integriert war. Mit der letzten Erdbestattung im Jahr 1880 und der letzten Urnenbeisetzung 1951 wurde schließlich das Kapitel als Friedhof abgeschlossen.

Es gibt einige erhaltene und restaurierte Grabmale von bekannten Persönlichkeiten zu entdecken, wie zum Beispiel das des Dichters Wilhelm Hauff, der unter anderem bekannte Märchen wie „Zwerg Nase" schrieb. Wir verlassen die heutige Parkanlage in Richtung Rosenbergstraße und folgen dieser in linker Richtung. Nach der Überquerung der Seidenstraße befindet sich linker Hand die Gewerbliche Schule im Hoppenlau. Dort finden wir Hajeks **„Große Sitzende"** **8** direkt am Eingang – natürlich – sitzend. Die Figur ist aus Muschelkalkstein gearbeitet und entstand 1953. Zu dieser Zeit war Hajek noch Student und hatte sich eigentlich bereits von der figurativen Plastik verabschiedet. Er nahm jedoch an einem Wettbewerb der Stadt Stuttgart teil, gewann und entwarf schließlich diese Figur. Sie begrüßt nun tagein, tagaus die Schüler der Gewerblichen Schule und strahlt neben ihrer monumentalen Größe auch eine gewisse Ruhe aus.

Weiter geht's die Rosenbergstraße entlang, bis die Johannesstraße quert. Hier zweigen wir nach links ab und folgen ihr bis zur Breitscheidstraße, in die wir schließlich nach rechts abbiegen. Bis zum Bürgerzentrum West sind es noch einige Hundert Meter die Breitscheidstraße geradeaus und über die Schwabstraße. Wir wechseln auf die andere Straßenseite und können auf dem Moltkeplatz, direkt vor dem Bürgerzentrum, unseren nächsten, vorletzten Zwischenstopp bereits sehen. Diese Plastik wurde erst nach Hajeks Tod hier aufgestellt, da er selbst jahrelang in diesem Teil der Stadt lebte, und ist als Ehrung und Anerkennung zu verstehen. **„Raumbewegung 76/86 II" 9** ist typisch für sein künstlerisches Schaffen in den 1970er-Jahren. Sowohl durch die abstrakte Formensprache als auch durch die grellen Farben wirkt das Kunstwerk plakativ und signalhaft.

„Große Sitzende"

Die letzte Etappe unserer Kunsttour bringt uns etwas weiter nach oben, in die begehrte Halbhöhenlage zum ehemaligen Wohn- und Schaffensort Hajeks. Sowohl durch sein künstlerisches als auch verbandspolitisches Wirken hatte er entsprechende Kontakte in Politik und Wirtschaft. Sein künstlerisches Schaffen lockte vor allem in den 1950er-Jahren andere Künstler, Intellektuelle und auch Politiker wie Willy Brandt oder Walter Scheel als Gäste an, die er in seiner Villa begrüßte.

Um dorthin zu gelangen, überqueren wie die Bebelstraße an der Stadtbahnhaltestelle, folgen der Schwabstraße in Richtung Bismarckplatz, den wir queren, um anschließend der Bismarckstraße zu folgen. Automatisch stoßen wir auf die Grünanlage **Leipziger Platz,** durch die wir bereits mit leichtem Höhenunterschied durchspazieren. In der Nähe der Toilette und der kleinen Kirche verlassen wir diesen Park wieder,

„Raumbewegung 76/86 II“

wechseln an der Fußgängerampel die Straßenseite, um an der Rotenwaldstraße 41 vorbei die ersten Treppenstufen zur Reinsburgstraße zu nehmen. Leider warten noch einige Höhenmeter auf uns, die wir über weitere Stäffele abkürzen werden. Dafür folgen wir der Reinsburgstraße nach links bis zum italienischen Restaurant Goldoni, biegen rechts ab in die Rotebühlstraße und nehmen gleich neben der Hausnummer 189 die Treppen zur **Röckenwiesenstraße.** Wir lassen uns nicht davon irritieren, dass die Röckenwiesenstraße zweimal nach kurzer Zeit erscheint, und müssen noch weiter nach oben steigen. Daher warten linker Hand die nächsten Stufen nach oben zur Osianderstraße.

Skulpturenpark

Noch einmal schnappen wir nach Luft und erklimmen die letzten Höhenmeter über die Stufen zur Hasenbergsteige. Oben angekommen stehen wir plötzlich vor einer einzigartigen Freiluft-Galerie. Vor der ehemaligen **Villa Hajek** **10** wurde ein Skulpturenpark eingerichtet. Dort kann man zahlreiche seiner bildhauerischen Arbeiten aus allen seinen Schaffensperioden 24 Stunden am Tag unter freiem Himmel besichtigen. Ein wahrer Open-Air-Kunstgenuss! Kein Genuss ist der Anblick seines unter Denkmalschutz stehenden Hauses, denn dieses ist mittlerweile leider sehr heruntergekommen. Vom Glanz der ehemaligen Zeiten, als es selbst noch ein Kunstwerk mit kräftig bunt leuchtender Fassade war, ist fast nichts mehr übrig.

Hier endet unser Spaziergang auf den Spuren von Otto Herbert Hajek, der am 29. April 2005 in Stuttgart verstarb. Beigesetzt ist er auf dem **Waldfriedhof** in Degerloch. Auch dort hebt sich sein Grab von all den anderen

Thermalbad „DAS LEUZE“

Grab von Otto Herbert Hajek

ab und ist mit einem seiner Kunstwerke versehen. Daneben ist in der Nähe des Haupteingangs sein aus Modellierbeton gearbeitetes Kunstwerk „Großes Raumrelief" zu finden. Weitere Spuren Hajeks sind an zahlreichen Orten in Stuttgart zu entdecken. Wer zum Beispiel ins **Thermalbad „DAS LEUZE"** geht, steht vor einem einzigen Gesamtkunstwerk, das Hajek als Hommage an die römische Bäderkultur erschaffen hat. Vielleicht wäre ein Besuch dort jetzt nach einem recht kräftezehrenden Spaziergang quer durch Stuttgart genau das Richtige?

In der Galerie Hajek (geführt vom Sohn Urban Hajek), Weißenburgstraße 28, kann man nach Vereinbarung noch mehr über das Leben und Schaffen des Künstlers erfahren.

8 ÜBER DIE GÄNSHEIDE

Start: Jugendherberge, Haußmannstraße 27, 70188 Stuttgart (GPS: 48.780908, 9.191029)
Ziel: Stadtbahnhaltestelle Olgaeck, Charlottenstraße, 70182 Stuttgart (GPS: 48.774151, 9.185891)
Länge: ca. 3,6 Kilometer
Dauer: ca. 1 Stunde
ÖPNV: Haltestelle Eugensplatz/Jugendherberge, U15; Rückkehr zum Ausgangspunkt: Haltestelle Olgaeck, U15 bis Haltestelle Eugensplatz/Jugendherberge
Parken: Parkhaus Bohnenviertel, Rosenstraße 25, 70182 Stuttgart

Unterwegs entdeckt:

1 Jugendherberge International
2 Waldorfschule
3 Sternwarte
4 Uhlandshöhe
5 Villa Hauff
6 Kanonenhäusle
7 Christuskirche
8 Sünderstaffel
9 Villa Scheufelen
10 Olgaeck

Essen + Trinken:

Restaurant Ilysia am Bubenbad, Gänsheidestraße 41, 70184 Stuttgart, Tel. 07 11/23 31 21, ilysia-am-bubenbad.de

La Piazza, Charlottenstraße 11, 70182 Stuttgart, Tel. 07 11/24 78 73, la-piazza-stuttgart.de

Verschiedene Restaurants im Bohnenviertel (siehe Spaziergang 5)

Ein Spaziergang mit Ein- und Aussichten

Heute geht es für uns hoch hinaus. Auf der Gänsheide, zwischen Uhlandshöhe und der Geroksruhe, sind nicht nur die Grundstückpreise deutlich höher als direkt im Kessel, sondern auch die Villendichte. Bereits im 19. Jahrhundert entstanden in dem zu Stuttgart-Ost gehörenden Stadtteil prächtige Villen. Dies lag nicht nur an der renommierten Halbhöhenlage und der guten Luft, sondern vor allem an der sogenannten Gänsheidevereinigung. Diese machte sich für ein nobles Villenquartier stark und verhinderte mit ihrer Initiative Großsiedlungsbauten.

Rudolf-Steiner-Haus

Wir starten an der Stuttgarter **Jugendherberge International** 1 mit der wohl günstigsten Miete in Halbhöhenlage und genießen direkt einen tollen Ausblick auf Stuttgart-Mitte. Weitere solche fantastischen Blicke in den Stuttgarter Kessel hinunter werden uns auf unserem Spaziergang begleiten. Im Rücken die Jugendherberge, folgen wir der Haußmannstraße für etwa 450 Meter in Richtung Norden, bis die Straße Zur Uhlandshöhe rechts abzweigt. Etwa nach der Hälfte der Strecke kommen wir an der ersten **Waldorfschule** 2 der Welt vorbei. 1919 wurde hier auf Initiative von Emil Molt die „Einheitliche Volks- und Höheren Schule" gegründet. Was als Experiment unter der pädagogischen Leitung von Rudolf Steiner begann, wurde später zu einem erfolgreichen Modell in der weltweiten Schulpädagogik und ist heute neben der Kirche der zweitgrößte private Schulträger Deutschlands.

Zu Beginn sah das pädagogische Konzept, erarbeitet von Steiner selbst, unter anderem neben gemeinsamem Unterricht von Jungen und Mädchen, zwei Fremdsprachen ab der ersten Klasse sowie dem Verzicht auf Noten und Sitzenbleiben auch

Waldorfschule

Sternwarte

die künstlerische Gestaltung des Unterrichts vor. Namensgeber der Schulform war übrigens mit Waldorf-Astoria eine Zigarettenmarke. Emil Molt war Besitzer der gleichnamigen Zigarettenfabrik in Stuttgart und wollte mit seiner eigenen freien Schule eine Alternative zum staatlichen Schulsystem schaffen. Er ermöglichte mit der Waldorfschule den Kindern seiner Arbeiter unabhängig von Herkunft, Konfession oder Nationalität den Zugang zu Bildung. Der Sportplatz, der erste Schulgarten mitten im parkähnlichen Schulensemble sowie Teile eines großen Schulgebäudes stammen noch aus dem Jahr 1919 und lassen den Gründungsgeist spürbar werden. Während des Nationalsozialismus wurde die Waldorfpädagogik verboten und die Schule enteignet. Nach größeren Zerstörungen erfolgten 1945 der Wiederaufbau sowie später einige Erweiterungen. 2019 feierte die Waldorfschule ihren 100. Geburtstag.

Wir biegen nun rechts in die Straße Zur Uhlandshöhe ein und erreichen die Kuppe des 355 Meter über NHN liegenden Ameisenbergs, so der frühere Name der Uhlandshöhe. Die große, 1862 durch den Verschönerungsverein Stuttgart geschaffene Parkanlage ist neben dem Schlossgarten und der Karlshöhe eine der wenigen größeren Grünflächen der Innenstadt. Hier steht seit 1955 die bronzene Büste des Dichters Ludwig Uhland.

Auf der Uhlandshöhe befindet sich auch die Stuttgarter **Sternwarte 3**, unser nächster Stopp. Diese Vereins- und Volkssternwarte wird durch eine amateurastronomische Vereinigung betrieben. Bereits 1919 wurde der gemeinnützige Verein „Schwäbische Sternwarte e. V." durch den Astronomen Robert Henseling mit dem Vereinsziel „der Vermittlung und Verbreitung von wissenschaftlichen Erkenntnissen über die Astronomie" gegründet. 1921 wurde durch Eigenleistungen des Vereins und Spenden der Bau des

Turmes der Sternwarte umgesetzt. Selbst Albert Einstein hat durch Gastvorträge in Stuttgart bei der Spendenakquise unterstützt. Der Bau kam schnell voran, und bereits im Januar 1922 nahm die Sternwarte ihren Betrieb auf. Während des Zweiten Weltkriegs wurde die Uhlandshöhe zur Flakstellung, die Sternwarte wurde abgebaut und im Bombenhagel zum großen Teil zerstört. Ab 1948 begannen der Wiederaufbau und die -eröffnung. Seitdem werden regelmäßig öffentliche Himmelsbeobachtungen und astronomische Vorträge angeboten.

Bei klarem Himmel am Abend an einer öffentlichen Führung teilnehmen und die Sterne über Stuttgart entdecken!

Wir schlendern durch die Parkanlage **Uhlandshöhe 4**, die vom Verschönerungsverein Stuttgart bereits 1862 angelegt wurde, kommen an einer Gärtnerei und der

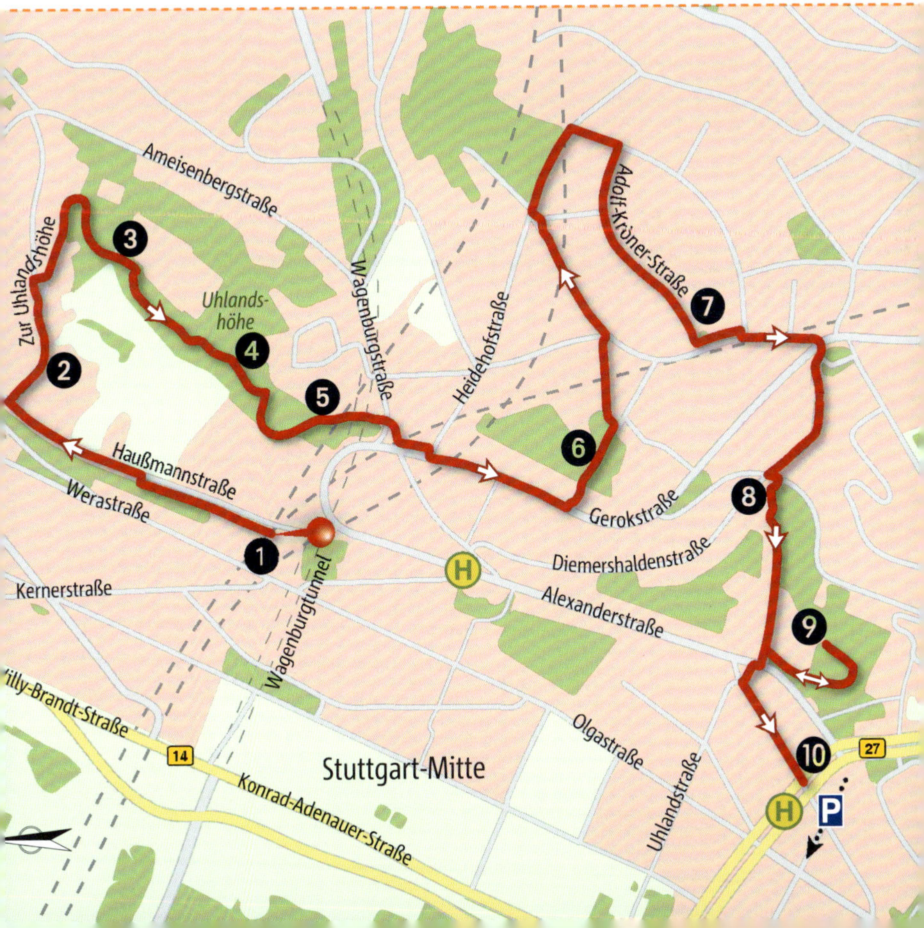

1962 eröffneten Minigolfanlage vorbei. Hierbei handelt es sich um Stuttgarts ersten Minigolfplatz. Per Stadtbahn hat Robert Schwab, der Erbauer der Kleingolfanlage, die Bäume, die noch heute für das besondere Flair sorgen, nach oben gebracht. Eigentlich wollte er einen Tennisplatz bauen, doch die Fläche neben seinem eigenen Haus war hierfür zu klein. Schwabs Erben führen ihn aufgrund seines testamentarischen Beschlusses bis heute weiter. Wer pausieren möchte, kann sich auf 18 Kleingolfbahnen duellieren und fühlt sich wie auf einer kleinen Reise in die Vergangenheit, denn die Zeit ist an der Anlage nicht ganz vorbeigegangen. Das tut dem Spielspaß, der auch im Vordergrund stehen sollte, keinen Abbruch.

Figur auf der Uhlandshöhe

Wir gehen weiter und folgen dem Alfred-Lörcher-Weg, kommen dabei an der **Ruine des Aussichtsturmes** vorbei, den man trotzdem noch besteigen und die Aussicht genießen kann, und stoßen schließlich auf das Werkstatthaus. So prachtvoll und märchenhaft die Villa von außen wirkt, so bewegt ist ihre Geschichte. Erbaut wurde sie 1904 im Auftrag des Fabrikanten Friedrich Hauff, der als Eigentümer einer Chemiefabrik als Pionier der fotochemischen Industrie galt, durch den Architekten Karl Hengerer, der auch die Arbeiterkolonien Ostheim und Südheim plante. Eigentlich war das als **Villa Hauff** **5** bekannte Haus nach Hauffs Ehegattin Regina benannt worden. Diese wiederum hatte württembergische adlige Wurzeln. In der Villa gingen bekannte Persönlichkeiten der Zeit, wie zum Beispiel die Herren Daimler, Bosch und Graf Zeppelin, ein und aus. Unterhalb der Villa am Fuße der Auffahrt befindet sich ein weiteres kleines Gebäude: eine Garage mit Chauffeurswohnung. Was heute nicht so besonders klingt, war damals eine Seltenheit. Fabrikant Hauff war sicherlich einer der ersten Stuttgarter, die ein Automobil ihr Eigen nennen durften. Natürlich war es ein Daimler.

Großartige Aussichten auf den Stuttgarter Osten!

Nachdem Hauff 1935 gestorben war, erwarb die Stadt Stuttgart das „trutzige Märchenschloss" und wandelte es in Mietwohnungen um. Bereits 1939 beschlagnahmte dann die NSDAP das Haus und richtet einen SS-Stützpunkt ein. 1945 folgten die Amerikaner, die hier zeitweise ihr Konsulat hatten. 1953 wurde schließlich das Jugendhaus Ost in der Villa untergebracht, aus dem 1985 dann das heutige Werkstatthaus entstand.

Zum Mittagstisch im Biorestaurant Lässig einkehren.

Wir folgen dem Alfred-Löhrer-Weg bis zur Wagenburgstraße, überqueren diese und gehen nach links die Gerokstraße hinauf, bis wir links in den Franz-Dingelstedt-Weg einbiegen, der eigentlich auch ein Stäffele ist. Oben angekommen, sehen wir bereits ein kleines, schiefes, altes Backsteinhäuschen eingewachsen zwischen Bäumen stehen. Was heute ein normales Wohnhaus ist, wurde 1703 als **Kanonenhäusle 6** erbaut. Dieses Häuschen war mit zwei Lärmkanonen ausgestattet, die vom Wächter im Falle eines Brandes in Stuttgart abgefeuert werden sollten, um „die Nachbarschaft von der obhabenden Gefahr" zu warnen, wie es in der Feuerverordnung aus dem Jahre 1703 nachzulesen ist. Hintergrund der Errichtung war ein Großbrand in Esslingen 1701, dem 200 Häuser zum Opfer fielen. Später wurde es zum Wohnhaus umgebaut, war bis in die 1970er-Jahre bewohnt und stand danach lange leer. Seit seiner Generalsanierung 1980 ist das älteste Haus im Villenviertel Gänsheide wieder bewohnbar und vermietet.

Villa Hauff

Kanonenhäusle

Wir lassen das kleine „Hexenhäuschen" hinter uns, biegen gleich links in die Gellertstraße ab, folgen dieser bis zur Gänsheidestraße und laufen dort ebenfalls noch einmal nach links weiter, bis wir an einem Kreisverkehr auf die Heidehofstraße stoßen, in die wir uns nach rechts wenden. Wir sehen auf der linken Seite eigentlich erst einmal nur ganz viel Mauer und ein riesiges Portal, an dem wir ein kleines Detail erkennen können, das uns den früheren Eigentümer verrät: ein Relief des „Bosch-Zünders". Zwischen 1910 und 1911 erbauten die Architekten Jakob Früh und Carl Heim eine der hochherrschaftlichsten Villen Stuttgarts auf dem Gelände für keinen Geringeren als Robert Bosch, der hier bis zu seinem Tod 1942 lebte. Ob er ein eigenes Krankenhaus einrichtete oder den Acht-Stunden-Arbeitstag einführte, Robert Bosch ist nicht nur als Ingenieur und Erfinder, sondern auch als fairer Arbeitgeber bekannt geworden. Nach dem Zweiten Weltkrieg beschlagnahmten zuerst die Franzosen das Gebäude, danach richteten die Amerikaner ein Gästehaus ein, bis schließlich später wieder die Franzosen ihr Konsulat in der Villa inmitten eines Parks einrichteten. Die Firma Bosch kaufte das Haus samt Grundstück Mitte der 1980er-Jahre wieder zurück. Seit 1986 ist die Robert-Bosch-Stiftung in der denkmalgeschützten Villa ansässig. Wobei das Wort Villa seitdem eigentlich tabu ist. Man spricht mit schwäbischer Bescheidenheit nur vom **Robert-Bosch-Haus.**

Robert-Bosch-Haus

Wir schlendern weiter durch die Straßen der Gänsheide, indem wir rechts in die Hackländerstraße abzweigen und danach gleich wieder rechts der Adolf-Kröner-Straße folgen, bis wir wieder an die Gänsheidestraße gelangen. Linker Hand steht die **Christuskirche 7**, die städtebaulich ein Stuttgarter Wahrzeichen ist. Das nach Plänen des Architekten Sylvester Laible zwischen 1955 und 1956 erbaute Gotteshaus wirkt deutlich älter, als es in Wirklichkeit ist. Andere zeitgleich erbaute Kirchen weisen mit viel Beton und Glas bereits einen moderneren Architekturstil auf. Kein Wunder, denn die Christuskirche wurde nach einem Entwurf aus dem Jahre 1937 in der Formsprache des Traditionalismus geplant und wirkt mit ihrem breiten, 35 Meter hohen Turm, dem Satteldach und dem goldenen Hahn auf der Turmspitze wie eine mittelalterliche Wehrkirche. Das Stuttgart-typische Baumaterial Kalktravertin tut sein Übriges hierzu, diesen Eindruck von außen zu untermauern. Doch sobald man den Innenraum betritt – die Kirche ist wochentags meist geöffnet –, verändert sich dies. Da passt so gar nichts mehr zum mittelalterlichen Äußeren: sei es der helle Kirchenraum mit seiner warmen Holzdecke, die frei schwebende Skulptur des in den Himmel auffahrenden Jesus von der Münchner Künstlerin Ruth Speidel über dem Altar oder die ungewöhnliche Anordnung der Bankreihen. Diese sind dem Grundstücksgefälle entsprechend zum Altar hin angepasst und lassen den Kirchenraum wie ein Theater wirken. Damit ist nicht nur von jedem Sitzplatz eine gute Sicht auf den Altar gesichert, sondern es entsteht auch eine fantastische Akustik. Daher finden hier immer wieder Konzerte, Vorträge und CD-Aufnahmen, wie zum Beispiel vom SWR Vokalensemble, statt.

Christuskirche

Wir verlassen die Kirche wieder und gehen über die Gänsheidestraße in Richtung Stadtbahnhaltestelle Bubenbad. Von hier ist es nicht weit bis zur Villa Reitzenstein, dem Sitz des Ministerpräsidenten von Baden-Württemberg, einem weiteren Gebäude mit Geschichte. Wer mehr dazu erfahren möchte, kann sich bei Spaziergang 1 auf die Spuren „Vom Königreich zur Republik" begeben. Wir überqueren die Gerokstraße, folgen der Georg-Elser-Staffel langsam wieder bergab zurück ins Stadtzentrum, kommen zur Diemershaldenstraße, der wir bis zur Stafflenbergstraße folgen, und stehen vor einem weiteren Stuttgarter Stäffele, das es für uns hinabgehen wird. Vor uns liegen die 244 Stufen der **Sünderstaffel 8**, die bereits im 14. Jahrhundert erwähnt wurde und damit zu den ältesten Staffeln Stuttgarts gehört. Wie sie zu ihrem Namen gekommen ist, darum ranken sich verschiedene Geschichten. Ob sie nach einem früheren Weinberg und deren Besitzer Sünder, nach einem bei einem Duell verstorbenen Sünder oder nach dem am oberen Ende der Staffel stehenden „Sünderstein" mit entsprechender Inschrift benannt wurde, lässt sich final nicht klären. Das schmälert nicht den Reiz dieser wunderschönen Treppenanlage, die mit verzierten Geländern daherkommt und mit Zwischenrondell samt den vielen Bäumen fast parkähnlich wirkt.

Sünderstaffel

Am unteren Ende der Sünderstaffel stoßen wir auf die Pfizerstraße. Wir folgen ihr in Richtung Alexanderstraße und Olgaeck, einem Hauptknotenpunkt, an dem tobender Verkehr herrscht. Kurz bevor wir die Alexanderstraße erreichen, entdecken wir ein kaum sichtbares unscheinbares Schild, das auf eine öffentliche städtische Grünanlage hinweist, die selbst den meisten Stuttgartern unbekannt ist: der Park der **Villa Scheufelen 9**. Geplant wurde das herrschaftliche Anwesen vom Schwiegersohn des bekannten Architekten Paul Bonatz. Bauherr war der Papierfabrikant Klaus Heinrich Scheufelen, der sich die 480 Quadratmeter große Villa samt 6659 Quadratmeter großem Park als Altersruhesitz gönnte. Herz, was willst du mehr: Alleinlage, riesiger Park und unverbaubare traumhafte Aussicht. Scheufelen galt als „graue Eminenz" und gut vernetzt in Wirtschaft und Politik. Damit wurde seine Villa zur Anlaufstelle für so manche geheime Verhandlung. Unter anderem besiegelten im Erdgeschoss der Villa die CDU und die SPD 1966 die Große Koalition zwischen den beiden Volksparteien. Ob die Herren Kiesinger und Brandt durch den Park spazierten, ist hierbei leider nicht überliefert. 1980 erwarb die Stadt Stuttgart das unter Denkmalschutz stehende Gebäude. Mitte 2013 verkaufte die Stadt schließlich „ihre letzte Villa" an das Kolpingwerk. Seit 2015 drücken hier nun, wo früher Parteibonzen Zigarre und Pfeife rauchend um Details und Posten feilschten, Kinder die Schulbank.

Zufahrt zur Villa Scheufelen

Eine Besonderheit war die Bedingung, die die Stadt an den Verkauf geknüpft hatte: Der Park, mit Ausnahme der Fläche direkt um die Villa, und ein durchs Grundstück verlaufender Treppenweg müssen erhalten und weiterhin öffentlich zugänglich bleiben. Daher ist Angst beim Betreten des Grundstücks nicht angebracht, selbst wenn es so anmutet, als ob gleich die Wachhunde ums Eck geschossen kämen. Wir folgen dem Weg nach oben und finden uns auf idyllischen Streuobstwiesen wieder, entfliehen kurz dem Lärm der Großstadt und naschen, je nach Jahreszeit, einen reifen Apfel oder eine Birne.

Streuobstwiese

Genug pausiert, wir verlassen diese grüne Oase mitten in der Stadt wieder, kehren zur Pfizerstraße zurück, halten uns zweimal links und folgen der Alexanderstraße in Richtung Charlottenstraße. Hier endet unser Spaziergang am **Olgaeck** **10** vor einem denkmalgeschützten Gebäudeensemble, das nach 1945 eines der ersten Büro- und Geschäftshäuser im Südwesten Deutschlands war. Der frühere Sitz der Süddeutschen Holzberufsgenossenschaft in der Charlottenstraße 29–31 wurde zwischen 1949 und 1953 von den renommierten Architekten Rolf Gutbrod (Haus Nummer 29) und Paul Stohrer (Haus Nummer 31) geplant und gebaut. Vielen Stuttgarter ist das Gebäude aufgrund einer früheren überdimensionalen Reklame eines Bohnerwachsherstellers auch als Loba-Haus bekannt. Auch heute wirkt der komplexe Bau leicht und modern und ist damit genau das Gegenteil der herrschaftlichen Villen und Häuser der Gänsheide, die uns heute auf unserem Spaziergang begleiteten.

9 VOM BOPSER BIS NACH HESLACH

Start: Stadtbahnhaltestelle Bopser, Hohenheimer Straße, 70184 Stuttgart, (GPS: 48.768222, 9.183831)
Ziel: Erwin-Schöttle-Platz, 70199 Stuttgart (GPS: 48.762705, 9.160150)
Länge: ca. 4,8 Kilometer
Dauer: ca. 1,5 Stunden
ÖPNV: Haltestelle Bopser, U5, U6, U7, U12; Rückkehr zum Ausgangspunkt: Haltestelle Erwin-Schöttle-Platz, U1, U9 bis Haltestelle Charlottenplatz, dann U5, U6, U7, U12 bis Haltestelle Bopser
Parken: Parkhaus Bohnenviertel, Rosenstraße 25, 70182 Stuttgart

Unterwegs entdeckt:

1 Bopseranlagen
2 Teehaus samt Marmorsaal
3 Schillereiche
4 Bopserhütte
5 Alte und Neue Weinsteige
6 Schimmelhüttenplatz
7 Heslacher Tunnel
8 Eiernest
9 Marienhospital
10 Matthäuskirche

Essen + Trinken:

Restaurant Goldener Adler, Böheimstraße 38, 70178 Stuttgart, Tel. 07 11/6 33 88 02, goldener-adler-stuttgart.de (deftige schwäbische Küche)

Restaurant Ochsen am Bihlplatz, Böcklerstraße 25, 70199 Stuttgart, Tel. 07 11/63 38 49 87, www.ochsen-stuttgart.de

Bella Napoli, Adlerstraße 20, 70199 Stuttgart, Tel. 07 11/6 33 89 25, www.bella-napoli-stuttgart.de (bekannt für seine traditionellen italienischen Speisen und Holzofenpizza)

Der grüne Süden

Was wäre Stuttgart ohne seine Höhen und sein Grün? Es wäre schlicht und einfach nicht Stuttgart. Deshalb geht es auf diesem Spaziergang einmal quer durch Stuttgarts grünen Süden. Dazu starten wir an der Stadtbahnhaltestelle Bopser. Der Bopser, auch Hoher Bopser genannt, ist eine 485,5 Meter über dem Meeresspiegel liegende Erhebung, auf dem der Stuttgarter Fernsehturm erbaut wurde. Er wurde bereits 1436 unter dem Flurnamen „Bopzer" erwähnt, und über ihn führte bereits zur Römerzeit eine Straße, die das Kastell in Köngen mit der Siedlung in Bad Cannstatt verband. Hauptsächlich besteht der Bopser aus Filderlehm, Gipskeuper, Mergel und Sandstein. Der weiße Stubensandstein, der zur Reinigung der Holzböden genutzt wurde, wurde dort im 18. Jahrhundert abgebaut. Dadurch entstand die „Bopserhöhle", die im Zweiten Weltkrieg als Luftschutzraum von einer Studentenverbindung verwendet wurde, deren Haus mit der Höhle durch einen Tunnel direkt verbunden wurde. Mittlerweile ist die Höhle zum großen Teil eingestürzt. Heute noch ersichtlich ist, dass der Bosper Stuttgarts erste öffentliche Grünanlage war.

Nachdem wir die Haltestelle in Richtung **Bopseranlagen 1,** einer kleinen Parkanlage mit Abenteuerspielplatz, verlassen haben, halten wir uns links, überqueren die Hohenheimer Straße und biegen gleich links steil den Berg hinauf in eine Stichstraße ein. Der Straße Am Bopser Weg folgen wir, halten uns rechts, überqueren die Bosperwaldstraße per schmiedeeiserner Fußgängerbrücke und sind nun im **Weißenburgpark,** der zur ehemaligen gleichnamigen Villa gehörte. Über Serpentinen schrauben wir uns nun langsam den Berg hinauf und kommen bereits an einiger Kunst vorbei. Um nur ein paar der Werke zu nennen: Eine Frühlingssäule mit der Allegorie des Frühlings sowie vier Putten, die Tanz, Musik, Wein und Gesang darstellen, schmücken auch heute noch den Park und zeugen vom großen Kunstinteresse und der Leidenschaft des ehemaligen Eigentümers Ernst von Sieglin. Der Seifenfabrikant kaufte 1898 Park samt Villa und beauftragte Heinrich Henes mit der Umgestaltung der Grünanlage. Dieser entwarf

Teehaus mit Marmorsaal

das **Teehaus samt Marmorsaal 2**, für dessen Innengestaltung kein Geringerer als Julius Mössel verantwortlich war. Er setzte bereits den Sternbilderhimmel in der Kuppel der Oper Stuttgart um.

Über ein paar Treppenstufen erreichen wir den Marmorsaal, der heute für Feierlichkeiten zu mieten ist. Sieglin, der im „Nebenberuf" ein passionierter Altertumsforscher war, lud gerne nach Forschungsreisen in den Orient zu archäologischen Herrenrunden ein, um seine Ausgrabungsfunde im opulenten Ambiente des Saales zu präsentieren. Unterhalb des Teehauses befand sich früher ein Tennisplatz, der zur Leibesertüchtigung und vielleicht auch etwas zur Belustigung der Teekränzchen im Teehaus gedacht war. Das Teehaus, das wir über eine letzte Treppe nach oben erreichen, ließ Sieglin für seine Gattin bauen, damit diese dort ihre schwäbische Teatime im Jugendstil-Pavillon abhalten konnte. Heute kann man hier die Ruhe abseits der Hauptverkehrsader mit einem Tee, Kaffee oder einer anderen Erfrischung genießen. Wer lieber den freien Blick auf den Stuttgarter Talkessel haben möchte, muss noch ein paar Schritte weiter nach oben bis auf eine Aussichtsplattform gehen.

Das Teehaus im Rücken verlassen wir den Weißenburgpark, folgen dem Margarete-Hannsmann-Weg nach rechts weiter, bis er auf die Steinkopfstraße stößt. Wir spazieren diese Straße nach rechts entlang und biegen dann links in die Straße Zur Schillereiche ein. Der Name ist Programm und verrät bereits unser nächstes Ziel. Bis wir dieses erreichen, müssen wir noch ein paar Höhenmeter überbrücken und dann nach rechts abzweigen. Ein Schild gibt die Richtung an, und schon stehen wir auf einer Lichtung und sehen die **Schillereiche 3**, die nach dem 1759 in Marbach am Neckar geborenen deutschen Dichter benannt ist. Neben dem Denkmal auf dem Schillerplatz wurde 1865 an Friedrich Schillers 60. Todestag hier eine Eiche als grünes Denkmal gepflanzt. Die Wahl fiel nicht wegen der schönen Aussicht auf diese Anhöhe, sondern weil Schiller genau hier 1781 seinen Kameraden und Mitschülern zum ersten Mal „Die Räuber" vortrug. Das Bühnenstück wurde schließlich 1782 in Mannheim uraufgeführt, Schiller damit über Nacht zum Star, und „Die Räuber" gingen in die Weltliteratur ein. Und auch die Schillerhöhe ist heute noch ein lauschiges Plätzchen, an dem man es sich auf Bänken oder der

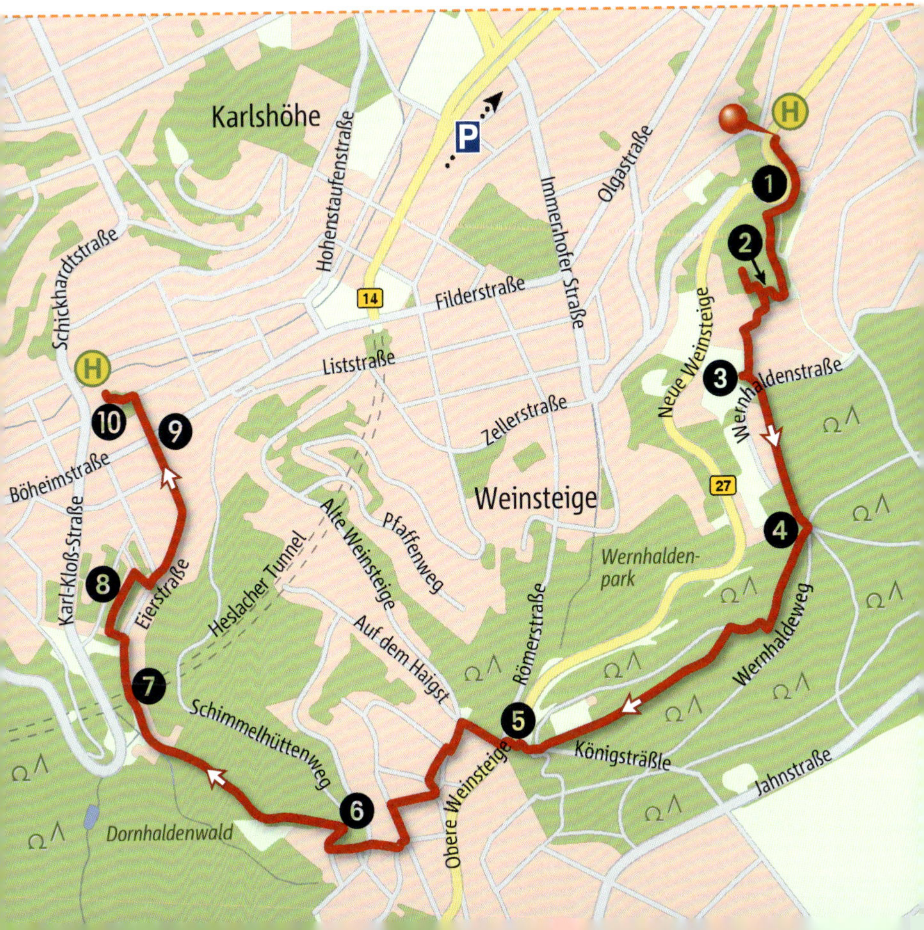

9 VOM BOPSER BIS NACH HESLACH

Schillereiche

Wiese bequem machen kann und sich vielleicht bei einem „schilligen" Picknick ein paar Zeilen aus einem Werk Schillers und den fantastischen Blick über den Stuttgarter Süden gönnt. Wer noch länger auf Schillers Spuren wandeln möchte, der kann mit Spaziergang 4 noch tiefer eintauchen.

Ausblick in die Weinberge

Wir lösen uns von Schiller, der Eiche und dem Ausblick, kehren zurück auf den Waldweg, dem wir über die Wernhaldenstraße folgen, und tauchen in den Bopserwald ab. Wir wandern den Weg entlang bis zur **Bopserhütte** **4** samt Spielplatz, folgen dem größeren Weg nach rechts, halten uns etwa 350 Meter in westlicher Richtung, laufen parallel zur Neuen Weinsteige durch den Wald, passieren das Umspannwerk Degerloch und erreichen schließlich die Stadtbahnhaltestelle Weinsteige.

Hier treffen **Alte und Neue Weinsteige** **5** fast zusammen, zwei wichtige Wege, die schon immer das Zentrum Stuttgarts mit den Orten auf der südlichen Filderebene verbanden. Bereits 1350 wurde ein extrem steiler Karrenweg als „Alte Weinsteige" erwähnt. Der gesamte Frachtfuhrwerksverkehr musste ihn nach Süden nehmen. Um die Steigung zu bewältigen, bedurfte es teilweise bis zu 16 Pferden als Vorspann. Als Alternative zu dieser schwierigen und mühsamen Route wurde mit Beginn des 19. Jahrhunderts über den Bau einer niedriger liegenden Verbindung nachgedacht. König Wilhelm I. von Württemberg beauftragte 1822 Gottlieb Christian Eberhard von Etzel, der zu dieser Zeit königlich-württembergischer Oberbaurat und Stadtplaner war, mit den Planungen einer effizienteren Streckenführung. Nach dessen Plänen wurde im Zeitraum 1826 bis 1831 eine breite Panoramastraße gebaut, die vom Schlossplatz bis nach Degerloch führte. Die Straße wurde schließlich am 23. Oktober 1831 unter ihrem alten Namen Wilhelmstraße eröffnet. Zur „Neuen Weinsteige" wurde die Straße, die bis heute als ingenieurmäßige Meisterleistung gilt, erst 1846. Bis 1922 zahlte man bei Benutzung, aufgrund der hohen Baukosten von 76.000 Gulden (heute circa

Besen WIRTSCHAFTEN

Wie viele solcher Weinwirtschaften es in Württemberg gibt – dort besser als „Besa" (schwäbisch für „Besen") bekannt –, lässt sich schwer schätzen. Zweimal im Jahr, meist im Zeitraum von September bis April, wird für jeweils etwa acht Wochen der Besen, das Erkennungsmerkmal, vor die Tür gehängt. Es ist dann Zeit für ein schönes Viertele Wein und gute, deftige schwäbische Hausmannskost. Diese gelebte Tradition findet sich auch in und um Stuttgart, die vermutlich auf einen Erlass von Karl dem Großen im Jahr 812 zurückgeht und es den Winzern erlauben sollte, überschüssigen Wein zu verkaufen. Früher wurde dafür schon mal das eigene Wohnzimmer der „Wengerter", so nennen sich die schwäbischen Winzer, ausgeräumt, um bis zu 40 Gästen Platz zu bieten. In der heutigen Zeit kommt dies nur noch selten vor, inzwischen findet man sich eher im umgebauten Keller oder der Scheune wieder. Manche Besenwirtschaften liegen mitten in den Weinbergen zwischen oder am Fuße der Reben.

In der Besenzeit sollte man sich einen der begehrten und meist rar gesäten Plätze reservieren oder muss kurze bis längere Wartezeiten in Kauf nehmen. Wer es schafft, kommt in den Genuss eines besonderen Erlebnisses, das eventuell auf den ein oder anderen befremdlich wirken könnte. Denn man rückt eng zusammen, um den vorhandenen Platz optimal auszunutzen. Es wird kuschelig, weinselig und gesellig, und man sollte keine Berührungsängste mitbringen. Die Besenwirtinnen und -wirte tun ihr Übriges dazu, sind Unikate und haben immer eine Geschichte parat.

sechs Millionen Euro), ein sogenanntes Zoll- und Pflastergeld.

Wir überqueren nun die Neue Weinsteige über die Fußgängerampel, gehen die Straße Auf Dem Haigst entlang, lassen den Santiago-de-Chile-Platz mit seiner beeindruckenden Moai-Statue rechts liegen, biegen links in die Alte Weinsteige ab und stoßen auf Gleise.

Diese Gleise gehören zu einer **Zahnradbahn.** Die „Zacke" verbindet seit 1884 entlang der Alten Weinsteige den Stuttgarter Talkessel mit Degerloch. Wir folgen der Straße entlang der Gleise, queren diese an der Straße Kauzenhecke, um nun die Alte Weinsteige und die Gleise auf der anderen Seite zu verfolgen. Wir spazieren nun durch den Degerlocher Stadtteil **Haigst,** biegen erst links in die Figarostraße, dann rechts in die Freischützstraße ein, passieren schöne Gründerzeitvillen und jüngere Wohnhäuser, folgen der Meistersingerstraße nach links bis zur Lohengrinstraße, in die wir nach rechts einbiegen, um gleich wieder rechts über Treppen eine Abkürzung in Richtung Leonorenstraße zu nehmen und schließlich vor dem **Schimmelhüttenplatz 6** zu stehen. Von hier hat man einen schönen Ausblick in den Stuttgarter Süden und über den Scharrenberg mit seinen Weinbergen und Streuobstwiesen. Der Degerlocher Scharrenberg ist eine der steilsten und ältesten Weinlagen Stuttgarts, die mit Trockensteinmauern terrassiert angelegt ist, um die Sonnenwärme optimal zu speichern und einen natürlichen Lebensraum für Flora und Fauna zu bieten. Man kann den Schimmelhüttenweg bis zum Marienhospital entlangspazieren und

Eine holprige Fahrt mit der Zacke lohnt sich immer!

Schimmelhüttenweg

Einmal im Jahr findet hier eine Weinwanderung statt, bei der man die einzelnen Wengerter, schwäbisch für Winzer/ Weinbauer, samt ihrer Weine kennenlernen kann.

kommt sich im Sommer dabei fast wie in einer mediterranen Landschaft vor, wenn man an üppigen Rosmarinsträuchern vorbeikommt.

Den Wein kann man auch bei einigen Winzern im eigenen Besen, temporären Weinwirtschaften, ab Hof trinken.

Wir queren den Schimmelhüttenplatz, gehen ein paar Schritte auf dem Elsaweg, um gleich rechts Richtung Schimmelhüttenweg weiterzugehen. Diesen nehmen wir jedoch nicht, wir gelangen heute auf einem anderen Weg in Richtung Stuttgart-Süd. Dazu zweigen wir die nächste Gelegenheit nach links ab und begeben uns auf einer zunächst breiteren Straße, die im Verlauf zu einem verwunschenen Pfad wird, bergab. Hier können wir noch einmal die Ausblicke auf die Degerlocher Weinberge genießen, bis wir schließlich in Stuttgart-Heslach angekommen sind. Immer geradeaus auf der Eierstraße streben wir unserem nächsten Ziel, dem Eiernest, entgegen. Unter der Eierstraße verläuft unsichtbar der **Heslacher Tunnel 7.** Der 2,3 Kilometer lange zweispurige Straßentunnel ist einer der wichtigsten Zufahrtswege in die Stadtmitte und trug maßgeblich zur Entlastung des Durchgangsverkehrs im Stuttgarter Süden bei.

Weinberge am Schimmelhüttenweg

Wir verlassen die Eierstraße links in Richtung Zechweg, biegen gleich darauf nach rechts ab in den Habichtweg und sind bereits mittendrin im **Eiernest 8,** einer Reihenhaus-Siedlung aus dem Jahre 1926. Die 180 einstöckigen Einfamilienhäuser wurden durch die Stadt Stuttgart als soziales Wohnbauprojekt für städtische Arbeiter und Angestellte in Anlehnung an die englische Gartenstadtidee erbaut. Damals wie heute sind die Häuschen, die gefühlt idyllisch am Rande der Großstadt liegen, gefragt. Kaum ist eines auf dem Markt erhältlich, ist es auch schon wieder weg.

Wir gelangen über den Sperberweg nach rechts wieder auf die Eierstraße, der wir nach links folgen, bis wir bereits nach kurzer Wegstrecke auf der rechten Straßenseite das **Marienhospital 9** erblicken. Spannend ist nicht etwa der funktionale Neubaukomplex mit 13 Vollgeschossen, an dem wir bis zur Böheimstraße vorbeigehen, sondern das noch heute bestehende Neorenaissancegebäude. Wir überqueren die Böheimstraße und werfen einen Blick auf das dreigeschossige Gebäude. Darin wurde 1890 das Marienhospital als katholisches Ordenskrankenhaus der „Barmherzigen Schwestern vom heiligen Vinzenz von Paul" mit zunächst 90 Betten eröffnet. Im protestantischen Stuttgart begegnete man dem neuen Krankenhaus zunächst mit konfessioneller Skepsis. Das änderte sich jedoch rasch, denn bereits damals wurde hier auf die kasernenartige Unterbringung in Sälen verzichtet, und Patienten konnten in hellen, geräumigen Pflegezimmern untergebracht werden, die besseres Licht, mehr Luft und damit eine optimale Hygiene ermöglichten. Das heute unter Denkmalschutz stehende Gebäude galt dadurch im historischen Rückblick bereits damals als Vorbild in der Geschichte der Krankenhausarchitektur. Zu Beginn pflegten 15 Schwestern die Patienten, doch bereits Ende des 19. Jahrhunderts wurde das Hospital Stück um Stück

Haus im Eiernest

Ein Blick in die Matthäuskirche lohnt sich ganz besonders, wenn Orgelkonzerte stattfinden.

erweitert. Im Zweiten Weltkrieg wurden die Träger des Krankenhauses durch die Nationalsozialisten enteignet und die Gebäude zum Großteil zerstört. Nach dem Wiederaufbau richtete das Marienhospital 1949 als erste Klinik Deutschlands eine plastische Chirurgie ein, um entstellende Verletzungen im Gesicht zu behandeln. Aus dem anfänglichen 90-Betten-Haus wurde bis heute ein modernes Krankenhaus mit 19 Fachkliniken und 18 interdisziplinären Zentren.

Marienhospital

Wir folgen der Eierstraße weiter in Richtung Erwin-Schoettle-Platz, der nach dem Leonberger SPD-Politiker benannt wurde. Wir halten auf den „Dom von Heslach" zu, wie die **Matthäuskirche 10** auch genannt wird, die man nicht übersehen kann. Sie wurde zwischen 1876 und 1881 nach den Plänen von Stadtbaurat Adolf Wolff erbaut und gilt als Stuttgarts erster neoromantischer Sakralbau. Aus jedem Blickwinkel wirkt die Matthäuskirche komplett anders. Schaut man von der Möhringer Straße aus auf sie, kommt sie einem besonders imposant vor.

Wir lassen unseren Blick über den Schoettle-Platz schweifen und können immer wieder etwas Neues entdecken: ob spielende Kinder, sich duellierende Rentner auf dem nahe gelegenen Bouleplatz oder den „Heslacher Hocker", der mit einem Weinkrug auf einem großen Stein sitzt und von Wasser bespritzt wird. Hier hat der Bildhauer Hermann Christian Zimmerle gleich drei Heslacher Traditionen symbolisch vereint: das Wasser des Nesenbachs, der früher hier floss, die Steine der Heslacher Weinberge und den „Hocker", der für die „Hocketse" steht, die gemütlichen Feste und Zusammenkünfte. Tun wir es ihm doch gleich und hocken uns zum Abschluss unseres Spazierganges einfach in eines der nahen Cafés.